# 从零餐饮开店经营实战指南

策划推广 + 营销管理 + 外卖运营 + 爆品打造 + 品牌构建

高源泽　　雷荣湘◎编著

人民邮电出版社

北京

**图书在版编目（CIP）数据**

从零餐饮开店经营实战指南：策划推广+营销管理+
外卖运营+爆品打造+品牌构建 / 高源泽，雷荣湘编著
. -- 北京：人民邮电出版社，2022.6（2023.9重印）
ISBN 978-7-115-58972-9

Ⅰ. ①从… Ⅱ. ①高… ②雷… Ⅲ. ①饮食业－经营
管理－指南 Ⅳ. ①F719.3-62

中国版本图书馆CIP数据核字(2022)第052414号

## 内 容 提 要

开设餐饮店的门槛不高，但要运营好很难。看似生意红火的餐饮店未必赚钱，看起来不起眼的餐饮店未必就做不大。关键要看以什么样的模式运营餐饮店。模式对了，餐饮店可以从0做到1，再从1做到无穷大。

本书从餐饮运营的多个角度，针对餐饮店经营过程中的问题，提供了极具实用价值的解决方案，为打造质量型、品牌型、连锁加盟型及标准化、规范化的餐饮发展模式，提供了全面而深入的指导和帮助，可供中小型餐饮企业管理人员、基层员工阅读参考。

♦ 编　著　高源泽　雷荣湘
　　责任编辑　李士振
　　责任印制　周昇亮

♦ 人民邮电出版社出版发行　　北京市丰台区成寿寺路 11 号
　　邮编　100164　电子邮件　315@ptpress.com.cn
　　网址　https://www.ptpress.com.cn
　　北京虎彩文化传播有限公司印刷

♦ 开本：700×1000　1/16
　　印张：16.75　　　　　　　　　2022 年 6 月第 1 版
　　字数：298 千字　　　　　　　 2023 年 9 月北京第 7 次印刷

定价：69.80 元

读者服务热线：**(010)81055296**　印装质量热线：**(010)81055316**
反盗版热线：**(010)81055315**
广告经营许可证：京东市监广登字 20170147 号

## 餐饮品牌化的实践与追寻

在大众创业、万众创新的新常态经济发展驱动下，很多人将赛道选定为餐饮行业，认为其门槛低、好打理，只要做好选址工作，满足顾客需求，客流就能源源不断。于是，大量创业者纷纷投身餐饮行业，由此催生了各类餐饮经营形式，形成相当大的市场影响力，吸引了更多的"追随者"。

然而，商场如战场，餐饮创业同样逃不开成王败寇的现实。我们可以看到，在经过市场筛选后，少部分餐饮店或餐饮品牌能屹立不倒，而大部分的餐饮人更像是漂泊不定的浮萍，由于对餐饮门店经营缺乏经验，在竞争日益激烈的餐饮行业中就难以站稳脚跟，不知道哪天就会被市场淘汰，始终处在焦虑迷茫中。

我从小就跟餐饮行业打交道。2016 年，世界名厨美食峰会，我成为唯一一位被邀请的中国厨师，对此我甚感自豪与欣慰。随后，我又担任了多项赛事的评委，致力于加深中餐与世界餐饮的联系。中西菜肴融合已然是当前国际化发展的趋势，为了更好地投身餐饮创业浪潮，我在上海成立了味 Fusion（融合）创意厨房。我更深刻地认识到，有必要通过营造餐饮企业品牌，来创造更多价值。正是在不断追求卓越的过程中，我认识了高源泽。

作为餐饮企业管理的行家，高源泽在餐饮品牌打造、加盟管理方面，有着丰富的经验和独到见解。十余年来，他始终冲锋在行业一线，经营着很多家餐饮店，不仅为自己铺设了餐饮事业的康庄大道，也帮助了成千上万的餐饮人少走弯路，很多餐饮投资人把他的运营模式与经验作为方法论。

多年沉浸于餐饮连锁行业的他，对行业变化保持着敏锐的嗅觉。和他接触不久，我就了解到他看待行业的底层逻辑：只要方法对了，模式对了，看似普通的餐饮店便可以从 0 做到 1，再从 1 做到无穷大。

坦率地说，起初，我对这个理念持怀疑态度。但高源泽用一次次的成功案例说服了我。我深切地感受到他在餐饮管理领域的专业性，从店铺选址、门店装修、店员培训，到活动策划、物料规划、营销宣传等诸多环节，他的认知都能发挥"四两拨千斤"的作用，让人不得不信服。在解决具体问题方面，他的策略同样很接地气，但却又总能和新出现的餐饮模式不谋而合。

诚然，如果餐饮管理也分流派，那么高源泽堪称具有远见的实战派。运用同样的理论，他能结合具体情况，分析大排档怎样做才能挣到钱，也能将一线城市连锁餐饮风口变化分析得头头是道。无论是日常聊天，还是专业培训，他总是用丰富的案例和实战经验来支撑他的想法，让人对餐饮行业产生新的认知，并且愿意坚定不移地执行他的理念。实话实说，在我认识的餐饮管理人里，高源泽的学习能力非常强，其个人钻研与表达的意愿也让人佩服。

他通过面对面交流形式，同餐饮人展开交流，积淀更多成功经验，获取更多新思维，才有了这本书的诞生。翻了翻这本书，内容非常实用、落地。在这本书里，高源泽将经营餐饮店必须了解的十个环节，包括运营理念、新店筹备、门店设计、营销推广、品质管理、人员管理、安全管理、后厨管理、外卖管理、品牌管理等，辅以大量的实用性指导案例，详细地展现给大家。这本书不仅可以让餐饮店经营者学习到各方面的知识和技巧，也能借鉴和吸收既往经营者的经验与教训，值得所有从事餐饮行业的相关人员仔细品读。

最后，我也希望有更多的餐饮人能通过本书打开终身学习的大门，找到事业征途上的坚定方向，一往无前！

钱以斌

2022 年 5 月于上海

# 前言

餐饮业是世界上最古老的服务行业之一，同时也积淀了悠久的历史文化。餐饮业寄托着无数消费者的生活乐趣，也承载着无数创业者的人生梦想。

经营餐饮店，既要有充足可靠的资金，又要懂得如何秉持现代化理念去管理供应链和成本；既要拿出货真价实的菜品，又要有稳定扎实的员工队伍。在此基础上，经营者还要懂得如何做大品牌，让影响力不断扩大。因此，即便是经营再不起眼的小餐饮店，也非常考验经营者各方面的能力。从开张到做大做强，餐饮店需要走过一段漫长的路，绝非仅靠虚无缥缈的炒作、大水漫灌的"烧钱"就能实现。经营者必须学习各方面的知识和技巧，也需要借鉴既往经营者的经验并汲取他们的教训，认真对待餐饮店经营过程中的每一个环节。

如今，餐饮店的形式和种类日益增多，大数据和云服务等新技术的兴起使得线上经营成为绕不开的模式。餐饮店的竞争对手并不只有隔壁的店铺，更多竞争对手处在我们看不见的地方。现代社会的发展使得餐饮业竞争激烈，因此，对传统的餐饮管理模式加以革新显得十分重要。

正因如此，本书从餐饮业情况、餐饮新店筹备、餐饮店设计、餐饮店营销推广、餐饮店质量管理、餐饮店采购与人员管理、餐饮店食品安全控制、餐饮店后厨管理、餐饮店外卖管理、餐饮店品牌连锁管理等方面，展现了餐饮店开设和运营的各个环节，罗列了相关要点和经验，通过切合实际的剖析，提供了正确的操作方法和技巧，形成实用的解决方案。

本书采用丰富的图表和简易通俗的语言，分设不同的章节，便于读者理解和查找相应的内容。同时，本书提供了大量实用性很强的案例，这些案例大多来自餐饮业的一线实践，见证了多个品牌的发展，值得后来者反复研究和学习。

通过学习本书的基础理论、案例和方法，读者能掌握餐饮业管理流程中所必需的基础知识和基本技能，熟悉餐饮店运营的基本程序与方法，基本胜任餐饮管理工作。

# 目录

## 第1章
## 做餐饮，懂运营，才轻而易举

## 第4章
## 餐饮店营销推广：推广是餐饮经营者的必修课

第5章
餐饮店质量管理：高质量才常青

# 第6章
## 餐饮店采购与人员管理：采购决定餐饮品质

## 第7章
## 餐饮店食品安全控制：安全是餐饮的根基

## 第8章
### 餐饮店后厨管理：管好后厨，餐饮店才能赢利

第9章
**餐饮店外卖管理：顺应趋势的餐饮管理举措**

## 第10章
## 餐饮店品牌连锁管理：有品牌有溢价，能连锁能做大

# 第1章

# 做餐饮，懂运营，才轻而易举

　　着手打造优秀的餐饮店之前，经营者应做好充足的准备。经营餐饮店并非"味道好生意就好"如此简单。味道好，也许只是经营者的一厢情愿；生意好，也许只是短期假象。要想生意兴隆，经营者必须注意规避发展道路上的问题。

# 1.1 做餐饮要认清的 8 个假象

经营餐饮店很容易？顾客多了就赚钱？味道好生意就好？这些都并非必然。餐饮业存在以下 8 个假象，餐饮经营者必须要认清。

## 1.1.1 人气旺就能赚钱

人气旺的餐饮店就一定很赚钱，这是广为流传的认知假象之一。不少餐饮经营者觉得自己的店人气很旺，就开始扩大经营规模，最终导致亏本，这就是被假象所迷惑了。

作为顾客，对于人气旺的餐饮店可能会有不同的感受。

例如，顾客到了一家餐饮店，发现该店生意火爆，光大厅服务员就有十来个，都很忙碌。结果，顾客点餐后，上菜慢不说，端上来的土豆还是生的。顾客将服务员叫过来反映问题，服务员态度很好，但顾客一转头，发现邻桌也有这样的问题。

这样的餐饮店虽然人多，但是出餐速度慢、菜品质量低，会导致一系列投诉，人气再高也无法走远。

餐饮经营者要学会透过现象看本质，一家餐饮店是否赚钱，必须量化衡量。经营者要仔细计算餐厅的房租、员工的数量和工资、菜品采购费用和其他消耗等，用稳定的经营收入减去这些日常成本，才能判定该餐饮店是否真的具备盈利能力。

人气旺可能会带来持续盈利，也可能只是昙花一现。如果餐饮经营者单凭人气就贸然扩大经营规模，很可能会面临巨大的压力。一旦成本居高不下、利润降低，导致餐饮经营者想靠薄利多销来盈利，很可能会造成菜品质量差，从而导致顾客不满，影响餐饮店的发展。

将餐饮店做大做强，不仅仅要有人气，餐饮经营者还应以长远的目光从整体上进行考虑和调整。

### 1.1.2 租到旺铺是自己的运气爆棚

你想开餐饮店，选址却让你大伤脑筋。突然有消息传来：有旺铺转让。你心动了，旺铺位置好，人气高，省了"引流"的钱，价格似乎也便宜，这不是天上掉馅饼，让自己给接住了吗？可你在愉悦地签完协议后，很可能还没有发家致富，就要面对接踵而至的问题。

市场竞争激烈，天上不会掉馅饼。如果你有旺铺，你会不会轻易低价转让？答案是否定的。通常所谓的"旺铺转让"，很可能是一个骗局。

图1.1-1所示为"旺铺转让"的常见骗局。

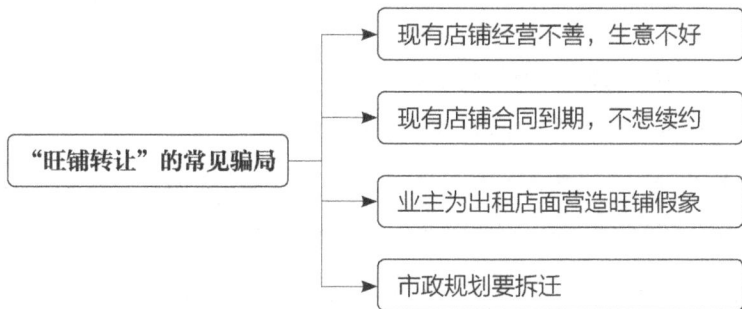

图1.1-1　"旺铺转让"的常见骗局

"旺铺转让"，往往是因为现有店铺生意不佳难以为继，或者现有店铺合同到期不想续租，业主为了出租店面而营造出的假象，你在接手后甚至可能面临因为市政规划而即将拆迁的情形。经营者在遇到所谓的"旺铺转让"时，不能草率决定，更不能轻信各种所谓的店铺转让的原因，必须检查店面的各类证件是否齐全，通过不同渠道搜索了解现有店铺的经营情况，同时积极了解市政规划，避免"落坑"。

总之，千万不要盲目接手"旺铺"，避免带来困扰。

### 1.1.3 餐饮店做好味道就万事大吉

民以食为天，餐饮经营者都希望做出美味产品，吸引更多顾客。但味道做好了，生意就一定会好吗？并非如此。当下经营餐饮店，菜品味道好只能算是达到合格水平。只有将"美味"这一优势和其他优势相结合，才能取得整体成功。

设想有两家餐饮店，同样卖川菜，一家味道极好，服务态度却不行，经常出现上错菜、算错账等问题；另一家味道不如前一家，但也不差，服务却热情周到。如果你是顾客，你会选择哪一家呢？相信很多人都会选择第二家。

餐饮业属于服务行业，顾客体验非常重要。第二家服务好，味道也不差，一传十、十传百，形成良好口碑，就会吸引更多的顾客，生意也会逐渐红火。第一家除了菜品味道好之外，服务很差，会直接影响顾客体验，多数人可能不会再来。

除了服务质量之外，餐饮店生意的好坏还取决于营销水平。海底捞是火锅业界成功营销的一个例子，其菜品味道相比其他火锅店并不出彩，可业绩却常年居于业界前列。是因为海底捞非常善于将营销和服务结合在一起，形成自己的特点。顾客想到海底捞，总是会在脑海中浮现出生日时的欢唱场面、对暗号领取小礼品的乐趣，还有贴心多样的服务、排队时免费的小零食……这些成功的营销手段，同样带给了顾客良好的体验。

餐饮业的竞争压力与日俱增，顾客的需求远不止味道好，带给顾客良好的体验同样重要。

### 1.1.4 连锁加盟全部是骗局

经营餐饮店有两种方式：第一种是独立开店，即经营者自行研究菜品、设计装修、营销运营，对新手而言，难度颇高；第二种则是加盟开店，产品、营销、装修等都不需要自己负责，只需提供店面并负责经营，听起来似乎容易得多。

然而，加盟开店并非那么容易。不少餐饮连锁品牌发展势头很好，但也有些餐饮连锁品牌带给加盟者的只有"泪水"。餐饮经营者既不能盲目相信连锁加盟，也不能错误地认为它们都是在"割韭菜"，必须从中分辨出哪些品牌是真正有价值的。

餐饮经营者不能完全指望加盟的品牌方，必须进行有效的自主经营。在寻找品牌方合作时，应选择有自身特色的品牌，而不是互相跟风模仿的品牌。同时，餐饮经营者也要规避那些签了合同就消失的"快招"品牌。

以下是对于选择加盟品牌方的建议。

（1）避免选择大量打广告、着重营销的品牌。这些品牌方往往花大量资金去打广告，以吸引更多的消费者和加盟者，表面上仿佛服务周到，实则为了宣传其优势而忽视了其内涵。

（2）避免选择宣传"零风险""保姆式服务"的品牌。很多加盟者并没有太多资金，这些品牌方抓住这一点，大力宣传低投入、高回报，以此诱惑加盟者加盟。

（3）观察品牌方的资质。国家对连锁加盟餐饮品牌有严格的标准，品牌方有两家直营店且经营满一年并备案，才有资格开展加盟业务。详细内容可参考相关标准文件[①]，用于对照判断品牌方是否正规。

（4）考察门店数据。加盟者可以到想加盟的品牌方的门店了解情况，包括品牌方的服务和门店的盈利状况及分布状况等。考察时，最好避开品牌方指定的门店，以了解真实情况。

（5）到选址处进行市场调研。加盟是为了借助品牌的影响力为门店引流，但选址也同样重要。只有选址和品牌相得益彰，才能在短期内积累顾客，并获得顾客的信任。因此，加盟者必须进行充分的市场调研，以此了解选址与品牌是否适合。

加盟开店需要量力而行，加盟者应从多方面来衡量风险，既要避免过于草率地加盟，也不应随意放过眼前的好机会。

---

① 《餐饮企业连锁经营规范（SB/T 11141—2015）》

### 1.1.5 商场店铺一定比街边店铺好

如今的综合商超中餐饮店比比皆是，消费者从服装店走出来，很容易就能走到餐饮店，购物完毕即可享受美食。于是，越来越多的餐饮品牌选择入驻商场，很多餐饮创业者也醉心此道，仿佛只有这样，才能彰显经营水准，展现商业知名度。

商场餐饮店相对街边餐饮店，确实有着得天独厚的优势。消费者在商场逛完，往往不会再跑到外面去吃饭，这在无形中为商场餐饮店带来了固定的流量。此外，商场常常会请专业的营销团队，或者搭建营销部门进行营销和宣传，这样同样也为餐饮店做了推广。商场环境优异、业态丰富，本身的消费体系庞大，可以吸引更多城市区域的顾客，有助于带动餐饮品牌影响力的增长。商场餐饮店店面开阔，展示面丰富，能充分发挥餐饮品牌的优势和塑造品牌形象。

但是，商场餐饮店未必就比街边餐饮店更赚钱。商场租金成本相对较高，竞争也更大，餐饮店如果没有足够的特色和影响力则很难长久存活。在商场内，较小的餐饮品牌更不占竞争优势，甚至很难入驻。商场营业时间大多为早上 10 点到晚上 10 点，这相当于缩短了餐饮店的营业时间，限制了餐饮店的收入。

相对于商场餐饮店，街边餐饮店也有着独特的优势。街边客流量大，展示的机会与形式更多、更自由，有助于加深消费者对品牌的印象。街边餐饮店的劣势则是受到人群流动方向和固定客群影响，生意波动大。

对此，餐饮创业者应该结合自身特点选择开店地点。

商场餐饮店和街边餐饮店优劣势对比如表 1.1-1 所示。

表1.1-1　商场餐饮店和街边餐饮店优劣势对比

| 项目 | 商场餐饮店 | 街边餐饮店 |
|---|---|---|
| 店面 | 店面开阔 | 店面小 |
| 成本 | 租金相对较高，压力较大 | 租金相对较低 |

续表

| 项目 | 商场餐饮店 | 街边餐饮店 |
| --- | --- | --- |
| 品牌 | 展示面大，有利于加深消费者对品牌的印象 | 人流量大，展示机会多，有利于加深消费者对品牌的印象 |
| 客流量 | 吸客能力强 | 吸客能力弱 |
| 营销 | 商场统一营销 | 需要店面自己营销 |
| 局限 | 营业时间短 | 客流量波动大 |

总体而言，餐饮创业者想要打造加盟品牌或主流时尚的餐饮店，且资金雄厚，可以选择在商场开店。反之，如果餐饮创业者想要打造亲民的品牌且预算有限，则适合走出商场，在街边开店。

### 1.1.6 单品爆款店操作简单、易复制，很容易打造成品牌

单品爆款店看似操作简单、容易复制，但也有不为外人所知的"门道"。很多单品店只有几十平方米的店面，夫妻或兄弟经营，规模小、流量有限，难以形成品牌效应。同时，单品店的口味较单一，如果无法延伸，很容易使老顾客丧失新鲜感，难以长久存活。

单品店想要打造品牌，可以从以下三方面入手。

（1）单品升级。以酸菜鱼为例，这本是川菜中的一道常见菜品，但有的餐饮经营者却能做成多家主打酸菜鱼的连锁单品店，其原因在于这些连锁单品店不仅经营酸菜鱼，还发展出火锅的形式，满足了顾客先吃后涮的需求。顾客吃完主菜还可以点其他菜，这样单品店的菜品不仅不单调还独具特色。

（2）口味丰富。酸菜鱼、地锅鸡这些单品能衍生出多种口味，如酸辣味、番茄味、香辣味、藤椒味等，顾客为品尝其他的口味会再次光顾。

（3）文化意蕴。鱼水饺、过桥米线这些单品在独特的地域和民族文化的氛围下，能呈现出地方特色，餐饮经营者可以据此打造独特而不单调的特色餐饮。

单品店想打造成品牌，必须具有强大的"专一性"，即专注于一道菜并不断完善和改进。单品类别的选择也很重要，必须满足口味丰富、用餐时间不会

太短、能多人就餐的条件。尽管餐饮文化博大精深，但能同时满足上述条件的单品类别其实并不算多，选择空间也很有限。

### 1.1.7 健康养生餐肯定好做

健康养生餐有着明确的卖点，是不是更容易获得市场认可？其实只要正确摄入食物，都能起到养生的作用。何况，健康养生餐在家中同样能做出来，消费者为什么要选择你的店？这才是重要的思考方向。

在现代人的餐饮生活中，健康往往是最容易被忽略的因素。人人都知道火锅、烧烤重油重辣，并不利于健康，但"吃货"们仍然热衷于此；人人都知道奶茶、甜品糖分超标，但很多人还是乐此不疲……与此相反，健康养生餐热量低、糖分低、少油低盐，味道清淡，甚至根本就很"难吃"。

现代人虽然更具有养生理念，但在更多的现实因素影响下，对健康养生餐，顾客主要还是会考虑好不好吃，而不是主要看它的营养成分表，而且在朋友聚会、家庭聚餐时，人们大概率也不会去吃健康养生餐。此外，经营者为了丰富健康养生餐的口感和味道，通常会加入坚果、水果等食材进行调味，从而增加了成本，使顾客很难频繁复购。

消费人群有限，复购率低，这样的健康养生餐饮生意通常注定不会太火爆。

### 1.1.8 火锅、烧烤都是做着简单也赚钱的种类

夏夜，三五好友小聚，或吃火锅或在街边"撸串"，这是非常常见的场景，很多餐饮创业者由此觉得火锅店和烧烤店肯定赚钱，其操作也简单，买个锅、支个炉子就能干起来。

诚然，火锅、烧烤在当下已发展为规模最大、受众最广的民间餐饮品类之一。其食材和调味品都有对应的供应链，不需要专业厨师，省去了重要的员工成本……这些都是火锅店和烧烤店能发展壮大的原因。

但是，正因规模大、受众广，不同地域、口味的火锅和烧烤品牌层出不穷，也使竞争激烈程度迅速增加。由于采购食材便利，技术门槛不高，火锅和烧烤的竞争力已经不仅取决于食物味道，还取决于服务质量和顾客体验，取决于优惠力度和性价比是否足够强。此外，火锅店和烧烤店虽然不需要后堂厨师，但也远没有表面上那么轻松，其原材料的制备需要依赖大量人力，洗菜、切菜、调配蘸料都是枯燥而辛苦的工作。尤其是烧烤店，为了保证肉串的品质，需要每天人工穿串，其准备流程又难以像麦当劳的汉堡那样标准化操作，致使众多烧烤店人工成本高，规模无法扩大。

重重压力当前，众多原本辉煌的火锅店和烧烤店，也都致力于打造自身特色，例如推出卤味、潮汕火锅等不同类型的火锅，木炭烧烤、韩式烧烤等不同形式的烧烤，并积极采用各种营销手段。

想要凭借火锅或烧烤盈利，餐饮经营者必须通过日积月累的努力，不断细化管理，保证食品安全、健康。

## 1.2 餐饮店生意兴隆的 6 条规则

餐饮消费的需求始终存在，而市场上也不缺生意兴隆的餐饮店。掌握以下6 条规则，餐饮店生意兴隆指日可待。

### 1.2.1 开一家生意兴隆的餐饮店的 4 个关键要素

要开一家生意兴隆的餐饮店，有一定的规律可循，关键在于菜品、环境、服务和性价比。

表 1.2-1 所示为餐饮店生意兴隆的 4 个关键因素。

表1.2-1　餐饮店生意兴隆的4个关键因素

| 菜品 | 环境 | 服务 | 性价比 |
|---|---|---|---|
| 1. 具有创意；<br>2. 色香味俱全；<br>3. 分量均匀 | 1. 环境整洁；<br>2. 具有鲜明的主题风格 | 1. 工作人员饱含热情、亲切温和；<br>2. 工作人员具备随机应变的能力 | 1. 具有一定优惠力度；<br>2. 菜品、服务、环境和价格达到平衡，使顾客觉得物超所值 |

上述4个因素即可构成一家餐饮店生意兴隆的基本方程式。餐饮经营者可以对这4个因素进行打分，将得分相加，分数越高则生意越好。

（1）菜品。餐饮店最主要的还在于菜品。顾客对菜品评判的第一要素是味道，菜品美味、新鲜、有创意，是菜品具有吸引力的关键。

此外，菜品的摆盘、餐具搭配都应该做到赏心悦目，令人食欲大开。菜品的分量需要均匀细致，避免影响顾客对其他菜品的食用。

餐饮经营者还需根据季节变化打造菜品，如夏天的冰饮、秋天的梨汤，这些时令性的菜品更符合人们的饮食习惯，能吸引更多顾客。

餐饮经营者必须时刻注意流行趋势，对菜品进行调整和创新，打造独具特色的菜品，这些都是顾客对菜品评价的加分项。

（2）环境。餐饮店的环境并不一定要奢华，但需要让顾客感到舒适，因为环境可能是顾客能否坐下用餐的决定性因素。

一家桌椅整洁、窗明几净的餐饮店往往更能得到顾客的青睐。因此，如果想要吸引顾客，餐饮店内的装修需要有鲜明的主题和风格，要营造出应有的氛围感，让顾客获得不一样的体验。

（3）服务。无论何时，一旦顾客光临，餐饮店工作人员都应亲切、热情地接待，并细致周到地为顾客服务。即便遇到突发事件，工作人员也应随机应变和冷静处理，力求给顾客完美的就餐体验。

服务质量不仅取决于态度，也取决于细节，如果细节处存在问题，顾客很可能会认为这家店不值得再来。原本能转化为熟客的顾客流失，生意自然难以兴隆。

（4）性价比。人们在消费时总是希望买到的东西既便宜又优质，餐饮店必须围绕这一点营造性价比概念。

例如，餐饮店是否有优惠，决定了很多顾客会不会前来用餐。很多情况下，顾客并不清楚菜品的具体成本和市场定价，他们想要的只是"划算"的感觉，如买二送一、优惠套餐、女士免单、信用卡优惠等。能让顾客有所期待，才能吸引顾客到来。

从经营角度而言，餐饮店要设法确保菜品、服务和价格能达到顾客心理上的平衡点，使顾客觉得物超所值，满意而归，从而确保他们有下次再来消费的意愿。

### 1.2.2 有针对性地对待你的顾客

餐饮店在做营销活动和服务顾客的时候，要有针对性地去满足顾客的需求。

有些餐饮经营者，过于急迫地吸引短期流量，顾客一少就开始打折促销，片面地认为这样就能赢利。实际上，这种情况下客流量虽然多了，但并不一定能赚到很多钱，甚至可能赔本。等活动过了很久之后，有老顾客经过时问："您这店还开着呢？之前见您打折促销，还以为您要到别的地方发展了。"这实在让餐饮经营者哭笑不得。

餐饮店开展营销活动时，进行打折促销、推出优惠套餐等都在所难免。但是，餐饮经营者不能对所有顾客都以同样的方式打折，这样做不仅可能抬高成本，而且会招来一群"薅羊毛""割韭菜"的流动性顾客，他们没有特别的消费需求，只希望"占一次便宜就跑"。

真正有经验的餐饮经营者，会结合自身特点对顾客进行定位。如果门店靠近商务区，可以在不同的工作日推出不同的优惠套餐；如果门店靠近大学城，可以推出学生在节假日凭学生证享受折扣活动；如果门店在电影院附近，可以在适当时间推出电影院会员打折活动……这样做，餐饮经营者能准确定位主流顾客群体，推出对应的营销措施，使餐饮店获得更多关注和支持。

### 1.2.3 大城市开小店，小城市开大店

餐饮业内有这样一句话："大城市开小店，小城市开大店。"北京、上海这种超大城市，人流量大，交通便利，但租金高，人力成本也高，餐饮业竞争激烈。小城市租金低，人力成本低，运营成本也低，竞争则相对没有大城市激烈。大城市和小城市都有各自的优势和劣势，关键在于创业者如何取舍。

表 1.2-2 所示为大、小城市的优劣势对比。

表1.2-2 大、小城市的优劣势对比

| 项目 | 大城市 | 小城市 |
| :---: | :---: | :---: |
| 交通 | 便利 | 不便 |
| 客流量 | 大 | 小 |
| 租金 | 高 | 低 |
| 人力成本 | 高 | 低 |
| 竞争压力 | 大 | 小 |
| 运营成本 | 高 | 低 |

在小城市，尽管消费环境和消费水平有限，客流量也不大，但也有很多人愿意为更好的用餐环境、更好吃的菜品买单。尤其是三、四线小城市的生活节奏比较慢，更需要大店来满足安静、舒适的消费需求，因此大店在小城市会更受欢迎。小城市的租金低，竞争压力小，谁先开店反而会更先占领市场，有利于餐饮品牌的发展和口碑积累。

大城市寸土寸金，开大店并不现实，租金和人工成本都很高。但大城市交通便利，客流量大，无论如何都不会缺用餐的人，更适合小店的发展。

从口味选择来看，小城市的人更喜欢追求品牌，而大城市的顾客偏爱私房菜。从整体来看，大店在小城市会有着不同的优惠政策和选择空间，小店在大城市则可以避开大店竞争引起的波动。

餐饮经营者切忌盲目跟风，究竟开多大的店，还是要根据实际情况和投资成本下结论。

### 1.2.4 大众刚需的社区店更受欢迎

2020 年开始，随着一系列社会环境的变化，社区餐饮店正逐渐成为很多人日常用餐的重要选择。图 1.2-1 所示为社区餐饮店优点。

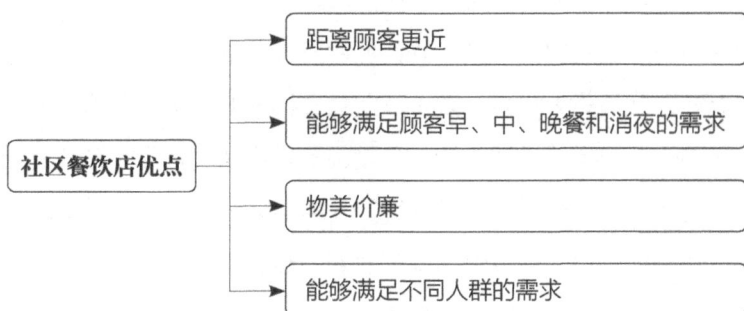

图1.2-1　社区餐饮店优点

首先，社区餐饮店距离顾客更近，有更多的机会和顾客接触，具有近水楼台先得月的先天优势。因此，社区餐饮店逐渐成为主流。

对大多数现代职场人而言，每天工作结束回家再费心费力准备晚餐，已经成为一种负担。他们或点外卖，或在家附近的餐饮店解决用餐问题，空闲时间的餐饮消费重点还是围绕社区周边的餐饮店。

社区餐饮店同时占据了时间和空间的优势，无论早餐、中餐、晚餐甚至消夜，都能够满足周边顾客的需求。因此，在社区开餐饮店，消费人群具有稳定性，很容易获取顾客支持。

当下，社区餐饮店能满足大众的消费需求，不需要顾客有很高的消费水平，能引发顾客的多次光顾消费。社区的门面租金低、人工需求不高，成本低、利润高，一旦经营得当，比较容易赚钱。

### 1.2.5 餐饮外行的店往往生意兴隆

厨师是餐饮的"内行"，那内行都不容易成功，难道外行还能做好餐饮经营吗？答案是肯定的。当然，所谓"外行"，并非经营管理的外行，而是具备更长远的眼光和更大格局的人。

人们对于"外行"的传统印象可能是不务正业、不严谨和不努力，这个词仿佛和餐饮经营没什么关系，但这只是一方面。另一方面，人们在学习过程中，最全神贯注、最努力的时候，往往就是其为"外行"的时候。

纵观身边很多成功的餐饮创业者，他们将经营过程当作一种学习过程。他们会下意识地去搜集相关知识，为将事业经营得更好而努力。所谓的"外行"一旦拥有这种全心全意的经营态度，自然会获得成功，进而达到理想的高度。

反之，自认为是内行的餐饮经营者，反而容易失去对细节的关注，每天忙于计算利润和亏损数据，然后继续制定盈利目标，最终失去了和员工、顾客接触的空间，也丢掉了对细节问题不断学习的敏感性，导致越算越少，直到入不敷出。

在心态上，"外行"很容易对餐饮经营抱有新鲜感，他们会享受经营餐饮店的过程，有着强烈的热情。在此过程中，他们会不计较得失，激发集体的活力，创造无限的可能。

所以，当你担心自己是"外行"时，不妨发挥"外行"的优势去经营；而当你自认为是"内行"时，也不应费心费力去计较利益得失。无论"外行"还是"内行"，都应该放平心态，放下利益得失，保持单纯的初心，去面对经营过程中的一切困难。

### 1.2.6 餐饮店开业后能赚多少钱，可以算出来

餐饮店开业后能赚多少钱是可以算出来的。开业前做好调研，对餐饮店开业后的客流量做出预判，就能估算出营业额，再减去成本，即可算出利润。

（1）估算客流量。餐饮店客流量与所在的位置、人口流动速度相关。经营者应对店面附近的流动人口进行观察测算，捕捉目标消费人群数量，以此为准对每天进店消费的顾客进行估算。同时，经营者还应结合菜品定价计算出平均客单价，由此估算营业额。

（2）预估成本。成本包括员工工资、食材费用、房租以及水电费等。计

算利润必须要合理预估成本。表 1.2-3 所示为餐饮店成本示意表。

表1.2-3　餐饮店成本示意表

| 项目 | 具体内容 |
|---|---|
| 用人成本 | 员工的工资费用，一般占营业收入的 10% 左右 |
| 工资款和员工福利费 | 雇用员工工资，员工社保和节假日福利费用，一般占营业收入的0.4% |
| 水电费 | 需要根据餐饮店拥有的设备及使用的时间测算 |
| 燃料费 | 厨房天然气等燃料费用 |
| 保险费 | 为餐厅购买的商业保险为固定费用，根据投入资金计算 |
| 食材和调料采购费 | 制作菜品需要的食材、调料的费用，需要根据餐厅经营规模计算 |
| 设备采购费 | 餐饮店工作设备的采购费用，根据实际情况计算 |
| 物料消耗及低值易耗品摊销 | 包括餐具、餐巾纸等日常用品的消耗，可以根据客流量和装修档次计算 |
| 折旧费 | 店面定期修理设备和更换设备产生的费用等，根据使用情况计算 |
| 维修费 | 主要指日常经营中维修所用配件、原料等的费用 |
| 营销费 | 营销推广需要的费用，根据营销方案和优惠力度计算 |
| 税收 | 税务部门收取的营业税，按照法定税率计算 |
| 租金 | 每月都要交的费用，为固定成本 |

表 1.2-3 列出的是餐饮店实际经营中必要的成本支出费用，只有准确估算成本，才能了解餐饮店盈利情况。

# 第 2 章

# 餐饮新店筹备：
## 从选址到资金一个都不能少

　　餐饮店开店前，经营者需要做好调研，包括确定做什么类型的餐饮店，筹备资金，选好店址。

　　本章主要围绕开店的开店筹备、店铺选址、市场定位、证照办理以及资金筹备等流程来介绍餐饮店筹备的注意事项和方法。

## 2.1 开店筹备，做好分析和筹划才能一炮而红

开店前，经营者需要做好调研、分析、筹划，选择合适的餐饮类型，确定单独经营还是合伙经营。随后，经营者还需要筹备资金、确定地址和人员，才能正式开业。

### 2.1.1 做好调研，开店前的 4 个关键调研

想在餐饮业闯出一片天地，光靠一腔热情是远远不够的。一家餐饮店从开店计划的孕育到最终落地、形成规模，需要经历多个环节的缜密思考与规划。经营如同下棋，每个步骤的实施，每个细节的考量都决定着全局的成败。其中，开展市场调研无疑是重中之重。充分而细致的市场调研是餐饮店生意红火的前提条件之一。在开店之初，从以下方面做好调研，就相当于打好了餐饮店的地基，地基扎实稳固，经营便成功了一半。

（1）深挖根源。有人看到一个地方没有卖早餐的，就认准这是一个绝佳的商机，在没有做任何前期准备的情况下，就匆忙地开了一家早餐店。结果很长时间过去了，店铺生意出乎意料地惨淡。

原来，该地点处于老居民区，周围没有学校和公司，导致年轻人很少，而老年人基本都是自己在家做饭。因此，早餐店开在这里就会出现经营困难的情况。

（2）看清实质。人群熙攘的繁华商圈固然可以带来巨大的客流量，但是随之而来的却是高昂的租金以及周边同业店铺的激烈竞争。

以北方著名的旅游城市大连为例，独具当地特色的小吃一条街——歹街吸引了无数游客前来光顾，看似值得投入经营。但表象之下，在鳞次栉比的小吃街上，食品重复率高，很难创新，每年的租金也让很多商家压力很大。这就是

通过调研看清实质的重要意义。

（3）观察消费人群结构。大量行业数据显示，餐饮店所处位置的周边消费人群的职业与收入决定着餐饮店的最终定位，也是影响餐饮店营业收入的主要因素。

如果餐饮店的周边是工地，主力消费人群是工地工人，那么在这里开高端的西餐厅就会显得很突兀；相反，量大平价的家常菜就会受到欢迎。

为了推动餐饮店顺利经营，事前调研时必须根据当地消费人群的结构特征，找准定位。

（4）深入把控合同签订细节。开店前，经营者必须格外细致地审核店铺租赁合同，包括产权性质、年限、租金、支付方式等，都应一一确定。

表 2.1-1 所示为租赁合同细节审核。

表2.1-1　租赁合同细节审核

| 序号 | 审核内容 |
| --- | --- |
| 1 | 查看房产证原件的适用范围上是否具备餐饮经营资质 |
| 2 | 询问房东是否有装修免租期。免租期内是不需要缴纳房租的。一般免租期为1个月，房屋面积超过150平方米的还可以在此基础上递增免租天数 |
| 3 | 观察四邻是不是居民住宅，如果是居民楼，后期有被投诉排烟的可能。尽量不要选择周围是居民楼的店铺，以免产生不必要的纠纷 |
| 4 | 工程施工前不要匆忙签合同。在做好先期的测量准备工作后再签合同可以提高效率，缩减支出 |

做好上述审核工作，餐饮经营者才能保证店铺租赁合同的安全合理。

## 2.1.2　类型选择，什么类型的餐饮店适合你

作为顾客，选择一家餐厅用餐很容易。但作为经营者，要决定开一家什么样的餐饮店却没有那么简单。餐饮店面向的消费人群是谁？要装修成何种风格？开业初期要推出怎样的特色菜品……这些都是开店过程中需要考虑的重点问题，对这些问题做出正确的回答，将事业做大做强便指日可待。

图 2.1-1 所示为选择餐饮店类型时应考虑的问题。

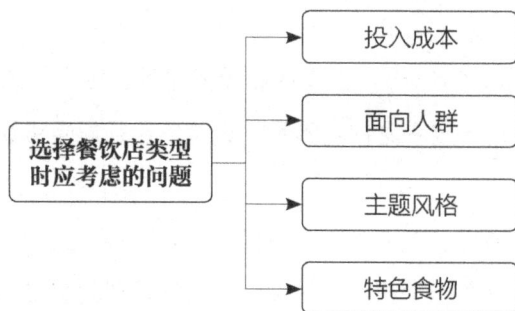

图2.1-1 选择餐饮店类型时应考虑的问题

综合上述问题，经营者可在以下类型中进行选择。

（1）速食餐厅。速食餐厅是当下主流餐厅类型之一，相对来说，这类餐厅的投入成本较高，特点是食物快捷简单，菜品呈现高档，主要面向中高端消费人群。

速食餐厅通常采用半开放式的厨房，而且常常会提供一次性餐具，方便携带。顾客在等待过程中可以看到食物的制作过程。这类餐厅适合慢经营，需要餐饮经营者具有高雅的情怀和优异的审美能力，店面风格鲜明突出，菜品具有特色。

（2）家常餐厅。家常餐厅是最常见的一种餐厅形式，这类餐厅的店面装修没有特定要求。通常情况下，家常餐厅往往有着复杂的食材、多样的菜系，就餐时间较为灵活，面向大众消费者。顾客进入餐厅，拿起菜谱点菜，服务员上菜，顾客用餐完毕后支付餐费。流程看似简单，但非常考验店铺接纳顾客的程度、服务员的服务态度、上菜的速度等。

这类餐厅相对其他餐厅而言，位置更靠近住宅区，人流量大，往往全天开放，能够根据不同的季节调整菜品，更适合时间充裕、勤恳耐劳又资金有限的餐饮经营者。

（3）高级餐厅。高级餐厅采取连锁经营或者分店经营的方式，菜品更为精致，装修风格较为典雅庄重，服务人员细致周到，有着统一的服装和礼仪，主要面向高端消费者。

这类餐厅能够为顾客提供上乘的食物和优质的服务，成本较高。

（4）团体餐厅。团体餐厅面向会议、团建、旅游等团体人群，订餐时需要提前沟通。顾客交付定金或者餐费后，餐厅提前准备。这类餐厅的服务标准固定，菜系固定，时间集中，服务人员的管理也比较集中。

团体餐厅中比较特殊的一类是宴会厅，主要面向婚宴、酒会等大型活动，这需要餐厅提供较大的场地，能够根据顾客要求进行布景、定制菜谱，提供音乐、灯光等。

这种餐厅前期的店面装修、场地布置需要较大的投入，后期投资小，利润大。虽然需要提供音箱、投影仪等设备，但一般情况下不需要自行承担成本，而且经营受众面广，竞争压力较小。

（5）咖啡厅与酒吧。这两类餐厅主要销售饮品。咖啡厅实际上相当于小型的西餐厅，主要菜品为各类咖啡和酒水，以及三明治和点心。酒吧主要的菜品为酒水、干果、零食等，有的也提供简餐。顾客需要在指定地点点餐、取餐，店内风格温馨，氛围轻松，面向年轻人群。

这两类餐厅只提供简单的食物，不需要太多的工作人员。相比常规餐厅，其价格更便宜，能迅速完成翻台，在节约管理成本的同时，也能有效满足顾客的消费需求和社交需求。

（6）自助餐厅。长时间以来，自助餐厅都深受消费者欢迎。自助餐厅不需要太多的服务员，菜品丰富，包括烧烤、小火锅、牛排、海鲜、各系菜品等，面向大众、老少皆宜。

在这类餐厅中，顾客可以自选食物，服务人员要及时清理桌面盘子、更换菜品，满足顾客需求。

自助餐厅的优势在于经营方便、客流量大，对顾客来说经济实惠，对经营者而言供应链便于管理；其劣势在于食物普通、难以吸引大型群体和再消费人群，很难长久地经营。

（7）小食车。小食车是非常常见的餐饮经营类型，主要销售特色小吃、烧烤和快餐食物，面向大众，常见于早市和夜市。小食车的菜品单一，但类型丰富，往往以集聚的模式经营。

小食车成本低廉，开销不大，操作简单，是最容易开设的餐饮店之一。小食车的优势还在于移动性强，只需要工作人员一两名即可，点餐、上菜、取餐一体化，不需要店面，更适合普通经营者。

对于上述餐饮店类型的选择，餐饮经营者需要结合餐饮店位置、市场调研、现有的资金等进行安排。餐饮店类型的选择重在合适而非主流，喜欢慢生活的餐饮经营者适合选择咖啡店和小酒吧，普通经营者更适合选择小食车和家常菜馆等。每种类型都有不同的优劣势，餐饮经营者在选择时，既要看到优势，也要兼顾不足。

### 2.1.3 餐饮投资，是单独干还是合伙干

餐饮投资，是单独干还是合伙干，这是很多餐饮经营者都会考虑的问题。要解决这个问题，餐饮经营者首先应弄清楚合伙经营的优劣势。

**1. 合伙经营的优势**

餐饮经营者找人合伙经营，不外乎以下几种原因。

（1）资金有限。开店前期必定有投入，无论是开店前的准备，还是开店后需要投入的成本，都是一笔很大的开支。餐饮经营者个人资金不足时，确实需要找个能够轻松拿出资金的合伙人。

（2）能力有限。餐饮经营者感觉到自身能力有限，需要合伙人来弥补自己的不足。每个人都有性格、技能、知识方面的专长和缺陷，找到互补的合伙人，能扬长避短，事半功倍。

（3）资源有限。餐饮经营者想开餐饮店，但自己没有经验，找不到好的厨师和供应商，也不知道怎么去经营。此时，恰好有人认识信誉良好的供应商，或有相关经验，也有相同意愿，合伙经营是个不错的选择。

（4）顾及亲朋情义。餐饮经营者想要开餐饮店，亲戚朋友可能会闻风而

来，有人想找个工作，也有人想参股投资，盛情难却之下难以推脱，于是合伙经营。

创业有风险，开店需谨慎。对新手而言，有人一起分担开店的风险，餐饮店的前进道路也能更加平稳坚定。

图 2.1-2 所示为合伙经营的优势。

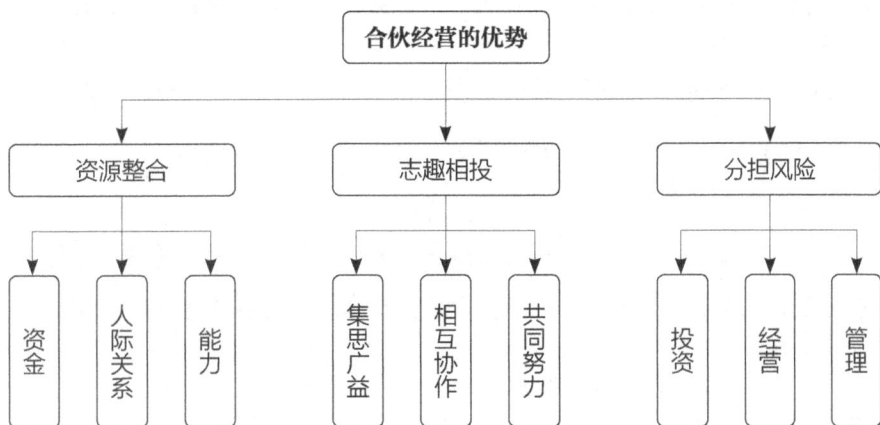

图2.1-2　合伙经营的优势

合伙经营并不是十全十美的，在带来利益的同时，也容易产生问题。餐饮经营者还需要意识到合伙经营的劣势。

### 2. 合伙经营的劣势

合伙经营的劣势如下。

（1）责任承担不均。在合伙经营时，合伙人越多，责任承担的意识就可能越弱。能力强的合伙人往往承担更多的工作，容易压力过大；能力弱的合伙人往往承担的工作较少，容易产生惰性。久而久之，责任承担不均会导致合伙人都不愿出力，店内事务无人过问。

（2）产生意见分歧。即便所有合伙人都有充分的责任感，也不一定就会产生良好的效果。合伙经营必然是集思广益的过程，在开店过程中，由于看法不同、利益取舍，合伙人之间很容易产生分歧，小到每道菜的成本，大到餐饮店的发展规划，都可能如此。如果合伙人的意见分歧解决不好，很容易造成餐饮店经营和管理的变动，导致创业失败。

（3）利益分配不均。合伙人之间由于利益分配不均也很容易产生矛盾。例如资金投入和能力投入如何换算，分红和利润该如何分配等问题。

如果餐饮经营者能克服上述劣势，将合伙经营的优势发挥到最大，那么自然合伙经营更适合。如果无法克服劣势，那么单独经营也是很好的选择。

## 2.1.4 算清账目，筹备好开店资金

经营餐饮店，必须首先筹备好资金。俗话说，开店前期就是"砸钱"的过程，投入越多，经营的条件才可能越充足。

当然，餐饮店经营的根本目的是赢利。开店过程中，必须算清账目做好资金筹备工作。表2.1-2所示为开店过程中需要筹备的资金项目。

表2.1-2　开店过程中需要筹备的资金项目

| 资金项目 | 具体内容 |
|---|---|
| 租金 | 店面租金占据了餐饮店前期投资的很大一部分，选址位置不同，租金也会上下浮动，经营者需要对其进行估算 |
| 设备费用 | 餐饮店需要准备相应的设备，包括排烟、通风、烹饪的设备，以及水池、工作台、冰箱、冰柜和各种厨具、灶具等 |
| 装修费用 | 餐饮店的装修费用包括外墙装修费用、铺面装修费用、立体装修费用等，要根据开店地址、店铺面积、空间结构和材质、档次、复杂程度等进行估算。除此之外，需采购大量桌椅。一般情况下，店铺的营业面积占总面积的60% |
| 餐具费用 | 餐饮店需要准备碗、盘、盆、勺、刀、叉、筷以及各种酒具、茶具等，如果经营火锅店或烧烤店等特殊餐饮店，还需要准备火锅锅具和灶具、烤盘、餐车等 |
| 开办费用 | 包括工商注册过程中的各种开办费用 |
| 人员费用 | 包括厨师、切配、服务员、收银员等的工资及福利费用。餐饮店的规模不同，相应的人员数量也会有所差异 |
| 采购和周转费用 | 餐饮店类型不同，采购的费用也会有所区别。采购的内容包括各种调味料以及食材；还需要考虑餐饮店日常周转费用，包括水电费、交通费、备用金等，都需要合理地预估 |

以上就是餐饮店开店过程中需要考虑筹备的资金项目情况，餐饮经营者可

以根据自己的情况进行预估和筹备。

除此之外，餐饮经营者需要考虑的还有贷款利息、日常损耗等，只有考虑到方方面面，才能做到有效控制成本，在后期有所规划和取舍。

### 2.1.5 餐饮心态，经营餐饮店没有回头路

经营餐饮店，必须拥有积极良好的心态。餐饮经营者朝着目标前进时，无论遇到什么样的挫折、困难，都应保持稳定向上的心态。

餐饮经营没有回头路可以走，必须注意规避以下错误心态。

#### 1. 认为经验不重要

开餐饮店离不开管理经验的作用。大量的管理经验不可能从书中直接学到，只能靠亲身实践总结体会。餐饮经营者需要在经营中处处留心，善于积累，多和别人交流和总结经验，而不应认为经验不重要。

#### 2. 急功近利的心态

少数餐饮经营者心浮气躁，他们迫切希望能这个月投入，下个月就回本，同时又害怕失败、畏首畏尾。他们看到网上宣传得火热的品牌，就忍不住去加盟，但实际上既不懂营销，又不了解顾客。这样的心态很容易导致失败。

#### 3. 依个人喜好经营

这种错误心态主要体现在两个方面，一是根据个人口味打造菜品，二是根据个人思维打造特色，最终都会脱离实际。

（1）根据个人口味打造菜品。很多餐饮经营者认定自己才是"专业吃货"，认为自己觉得好吃的东西准没错。但他们忽略了什么是众口难调。口味并不是个人的事情，而是地域、社会、文化、历史、自然等因素综合影响下的固定传统。你认为好吃的口味，很可能在别人看来不过如此。

（2）根据个人思维打造特色。餐饮业的多样化让很多新手经营者觉得餐饮业无定式，可以任由自己发挥创新。然而，猎奇创新可能会在短时间内吸引顾客，但无法留住顾客，自以为是的创新往往不会变成餐饮店的"法宝"，反

而会变成致命"毒药"。无论何时，打造特色前必须进行充分的市场调研。

**4. 错了可以再来**

餐饮店最重要的是吸引新顾客，留住老顾客，经营餐饮店没有回头路可以走。老顾客大多认准某一因素，如看重口味、服务、环境等，这意味着餐饮店的试错率很低，一旦出现了严重的偏离，失去原有特色，老顾客就会前往别的餐饮店，从此与你分道扬镳。

# 2.2 店铺选址，餐饮店开在哪儿大有学问

越来越多的人投身餐饮业，但实际情况是很多餐饮店开张不到一年，就因经营不善倒闭了。

大量的数据显示，很多餐饮店倒闭的主要原因在于选址错误。成熟的经营者永远不会在选址上投机取巧，更不会为了便宜的租金而放弃好的地段。这是因为餐饮店选址很重要，选址直接决定了人流量，人流量将最终决定利润。餐饮经营者要学会从多个角度充分考虑，才能选到好位置。

## 2.2.1 不要死磕味道，好位置才是王道

对于开餐饮店而言，位置永远排在第一位，随后才需要考虑味道和营销。无论创业需求有多急迫，在没有找到合适的位置前，千万不要贸然妥协，盲目投资。

位置决定着餐饮店的客流量和营业额，这远比低廉的房租成本重要。例如，某家商场内店铺房租成本高、位置好、人流量大，看似是不错的位置，但如果你经营的餐饮店属于大众小吃，你就完全没有进入商场的必要，而可以将店开到距离商场外不远的街道旁。这样的位置距离商场很近，房租却能下降1/3，而且完全可以"蹭"到商场营销优势，收获客流量，消费水平和档次也会有所提升。因此，对餐饮店而言，没有所谓的好位置，只有合适的位置。找

到合适的位置，不仅能降低成本，也能获得更高利润。

一家餐饮店选址对其生意起着关键性作用。想经营好一家餐饮店，要综合各方面因素选择位置，不能凭感觉盲目确定。

### 2.2.2 餐饮店选址的3大黄金法则

餐饮店选址，首先应考虑客流量，其次是和餐饮店业态的匹配程度，最后是门面成本。

餐饮店选址的通用准则是街角最优，街边次之，街道中间最差。

#### 1. 街角

通常情况下，街道的拐角处是餐饮店选址的最佳地点。这里遮蔽物少，视野开阔，人流量大，能增加餐饮店的醒目程度。街角的餐饮店无论哪个方向的人群都能看得到，从而获得更多的机会。

#### 2. 街边

街边是街道两边人群进出的地方，从这里进入其他道路的路途更短，顾客路过也更方便停留。当顾客进入商业街时，对此处往往充满兴致，容易集中注意力，客流量同样很大。

#### 3. 街道中间

街道中间往往是最次的位置，客流量不足，顾客经常走不到街道中间就会折返。加上街角、街边的宣传和竞争，街道中间的位置曝光不足，餐饮店生存压力很大。

此外，每个城市都会有出入城乡的重要街口，人流量大的三岔口，这些都是做生意的好地段。如果一条街能够穿过几条商业街，也是绝佳的选择。相对地，那些不便于停车、不便于步行停留或者和主要人群逆向的门面，都不是很好的选址地。

### 2.2.3 经验借鉴，餐饮的扎堆效应

很多大型餐饮企业都有自己的选址策略，很多餐饮新手认为这些策略不适

用于自己的中小型餐饮店，事实上选址策略万变不离其宗，通过借鉴经验，你同样可以为自己的餐饮店选择合适的地址。

井格火锅目前在全国有 100 多家分店，既有街边店，也有商超店，而每家店的生意都异常火爆，其关键就在于井格火锅有其合理的选址策略。

很多人试图研究井格火锅的选址策略，但往往会陷入迷惑：井格火锅不仅街边店与商超店双管齐下，而且没有遵循常规的选址间隔要求。

在北京天通苑地区，井格火锅先是开了一家街边店，短短一年之后，又在800 米外的龙德广场开了一家商超店。如此近距离地开设两家同品牌店面，看似有违常规，但两家店的生意不降反增。

如果深入分析，你就会发现，这两家店虽然距离很近，但其目标客群却截然不同，街边店主要服务于聚会的男性客群，而商超店则针对结伴逛街的女性客群。而在节假日客流量爆发的时候，商超店也会将顾客引流至不远的街边店，从而分享节假日客流。

井格火锅究竟是如何做出如此选址策略的？这其实得益于井格火锅的"决策树"。

### 1. 商超选址：一筛、四看、二注意

商超本身就具有巨大的客流优势，也能加持餐饮店的品牌宣传，因而成为无数餐饮经营者的梦想选址目标。但入驻商超除了有成本高昂的劣势之外，一旦经营不善，还会陷入赔本赚吆喝的尴尬境地。因此，在选择入驻商超时，井格火锅同样加倍小心，制定了"一筛、四看、二注意"的决策模型。图 2.2-1所示为井格火锅商超选址决策模型。

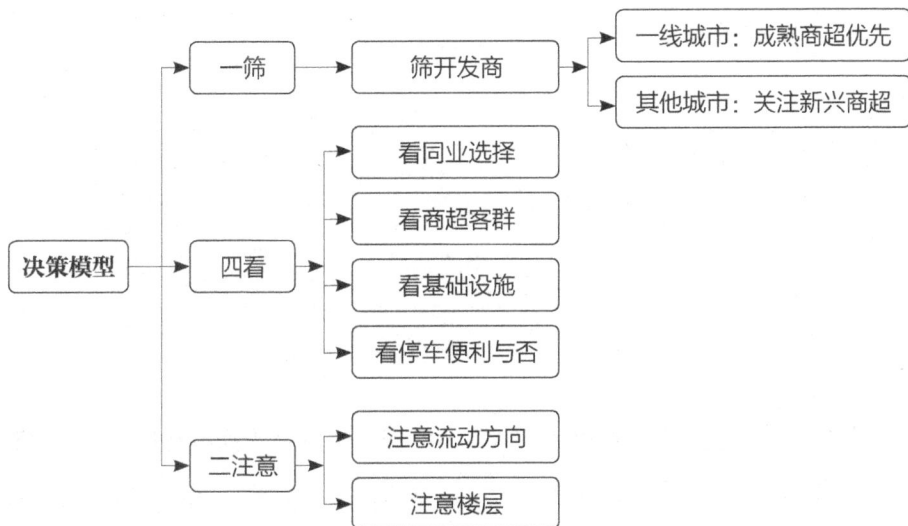

图2.2-1　井格火锅商超选址决策模型

选择商超其实就是在选择开发商。国内商业地产格局已经形成，一线开发商如万科、万达、华润等都是不错的选择，选择这些开发商可以避免小型开发商不规范管理带来的潜在问题。

近年来，也有一些传统大牌企业转型做二、三线城市的商业地产，如苏宁广场等，也可以给予关注。因为这些商超在设计建设时都会对标一线成熟商超，因此，其客流吸引能力往往也很强。

### 2. 街边选址：细节确立优势

相较于商超选址，街边选址则更加复杂。因为在很多选址的问题上，商超开发商本身就已经做了很好的规避，比如政策风险、管理风险等。

井格火锅在选择街边店的地址时，则更加注重细节，通过详细地考察，从细节中确立优势。图 2.2-2 所示为井格火锅街边选址策略。

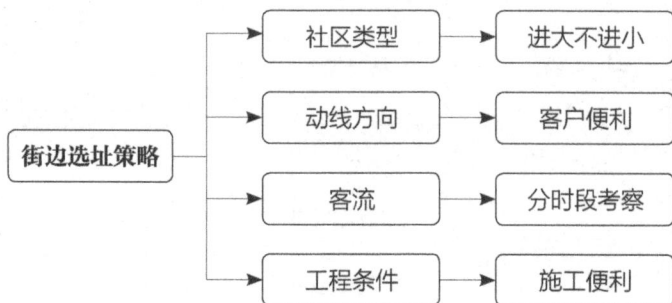

图2.2-2　井格火锅街边选址策略

需要注意的是，在考察街边店的客流情况时，井格火锅特别选择了3个时段，即周一、周五和周末的中午及晚上。之所以如此设置，是因为根据过往经验：在一周中，周一的生意最差；周五的午餐生意很差，晚餐生意非常好；周末则是节假日的代表时段。如果这3个时段的客流都基本满足要求，则可以判定该地址是合适的。

### 2.2.4　商圈选址，做好4步走战略

商圈是指餐饮店对顾客的吸引力所能达到的范围，也就是餐饮店顾客的地理分布情况。一般而言，餐饮店的商圈辐射范围越广，自然能够覆盖更多的顾客，吸引更大的客流量。因此，店铺选址切忌忽略商圈选址。

肯德基在中国市场的成功离不开其完善的商圈选址策略。肯德基在进入每个城市市场之前，都会事先通过专业渠道收集该地区的资料，再根据资料划分商圈，并对每个商圈进行打分。其商圈计分内容包括商场分布、交通线路等各种要素。在确定商圈之后，则要考察该商圈的主要聚客点，力争在最聚客的地方开店。

商圈选址要做好4步走战略。

#### 1. 商圈调查

通常而言，影响餐饮店商圈辐射范围的因素主要包括餐饮店地理位置、当地人口密度、当地发展水平、当地饮食习惯、附近餐饮竞争情况、餐饮店自身

魅力、客群主要交通方式、消费娱乐的聚集效应、店面服务与创新力度等。

"十里不同风，百里不同俗。"即使在同一个城市内，不同商圈内的顾客的消费习惯也不尽相同。同一款餐饮产品组合，在不同商圈的境遇甚至会有天壤之别。因此，在做商圈调查时，餐饮经营者一定要立足本商圈情况，而非想当然地认为"同城都一样"。

### 2. 选址要求

餐饮店有多种类型，不同类型的选址要求也有一定差异。餐饮经营者一定要根据自身特点确定选址要求。图 2.2-3 所示为商圈选址要求。

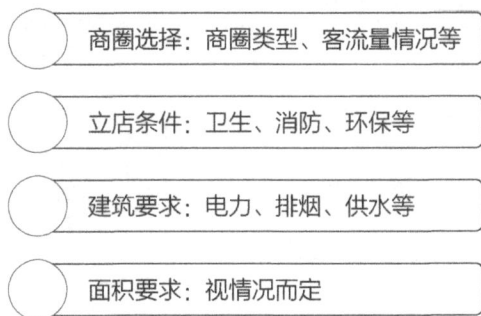

商圈选择：商圈类型、客流量情况等

立店条件：卫生、消防、环保等

建筑要求：电力、排烟、供水等

面积要求：视情况而定

图2.2-3　商圈选址要求

餐饮店的面积不是越大越好，而要视经营需要和客源情况而定。通常来说，普通餐饮店（如面馆）的面积为 80~200 米$^2$，火锅店的面积为 120~500 米$^2$，连锁快餐店的面积为 200~500 米$^2$，而商务型餐饮店的面积则为 150~1000 米$^2$。

### 3. 备选店地址

同一商圈内，可能有多个满足选址要求的地址，餐饮经营者可以将其都纳入备选店范畴，初步筛选后，再对相关地址进行深入调查和比较，包括市场调查、顾客调查、竞争对手调查等。

此外，商圈选址不仅应考虑当下，还应考虑餐饮店的未来发展。为此，餐饮经营者需特别关注、分析当地的城市建设规划，了解商圈交通、街道、市政、住宅等项目规划，以免当前的最佳位置因城市改造而失去优势。

**4. 确定细节**

商圈的范围较为广阔，哪里才是主要聚客点呢？这就需要餐饮经营者确定各种细节，包括地价、人口、街道等。

餐饮经营者最好能制作一张餐饮店评估表，如表2.2-1所示。

表2.2-1 餐饮店评估

| 分类 | 评估内容描述 | 选项 |
|---|---|---|
| 现场情况（非市场内店） | 1. 符合开店政策的商圈形态（以餐饮店为中心、半径为500米的范围） | A. 住宅小区（大型社区）和菜市场<br>B. 大型卖场、综合超市<br>C. 写字楼附近<br>D. 商业街附近、大学院校和外来人员集中区 |
| | 2. 主要消费者年龄层 | A.50 岁以上<br>B.41~50 岁<br>C.21~40 岁<br>D.20 岁及以下 |
| | 3. 商圈发展潜力（未来一年） | A. 潜力大<br>B. 有潜力<br>C. 平稳、一般<br>D. 走下坡路、不佳 |
| | 4. 销售时段的每小时行人流通量（门店前统计） | A.2000 人以上<br>B.1001~2000 人<br>C.501~1000 人<br>D.500 人及以下 |
| | 5. 销售时段的捕获率 | A.15%<br>B.10%<br>C.8%<br>D.5% |
| | 6. 门店所处地的人均消费水平（参照同类门店进行比较） | A.30 元以上<br>B.21~30 元<br>C.11~20 元<br>D.10 元及以下 |
| | 7. 固定消费群 | A.2000 人以上<br>B.1001~2000 人<br>C.501~1000 人<br>D.500 人及以下 |

续表

| 分类 | 评估内容描述 | 选项 |
|---|---|---|
| 现场情况<br>（非市场内店） | 8. 门店通路情况 | A. 行人无限制<br>B. 部分限制（单向通行）<br>C. 有限制（有栏杆或障碍物） |
| | 9. 交通情况（公交线路） | A.5 条以上<br>B.3~5 条<br>C.2 条<br>D.2 条以下 |
| | 10. 竞争情况（同类店铺） | A.5 家以上<br>B.3~5 家<br>C.2 家<br>D.2 家以下 |
| 以上选项和该店铺须在同一条路上 | | |
| 现场情况<br>（市场内店） | 1. 市场规模 | A.2000 米² 以上<br>B.1501~2000 米²<br>C.1001~1500 米²<br>D.1000 米² 及以下 |
| | 2. 市场经营状况（市场年营业额） | A.1.5 亿元以上<br>B.1 亿~1.5 亿元（不含 1 亿元）<br>C.0.8 亿~1 亿元（不含 0.8 亿元）<br>D.0.8 亿元及以下 |
| | 3. 市场所处区域位置 | A. 区域的中心位<br>B. 区域内人流容易集中地<br>C. 区域的边缘地带 |
| | 4. 门店在该市场内的位置 | A. 主出入口的金角<br>B. 主出入口的银边<br>C. 行业集中区<br>D. 市场内附街 |
| | 5. 市场通路情况 | A. 在主出入口并有外路面<br>B. 在主出入口但无外路面<br>C. 不在主出入口但有外路面<br>D. 不在主出入口且无外路面 |
| | 6. 竞争情况（同类店铺） | A.5 家以下<br>B.3~5 家<br>C.2 家<br>D.2 家以下 |

### 2.2.5 租赁房屋，如何省事、省心地租下旺铺

获取商铺租赁信息的方式多种多样，适合中小型餐饮经营者的方式有 3 种，即找专业公司、"扫街"、上网搜索。

表 2.2-2 所示为上述 3 种方式的优缺点。

表2.2-2　3种获取商铺租赁信息方式的优缺点

| 找专业公司 | 优点 | 商铺资源丰富，有利于压低租金，精准匹配 |
| --- | --- | --- |
| | 缺点 | 餐饮经营者需负担额外的成本 |
| "扫街" | 优点 | 便于接触市场，了解情况，第一时间发现好店铺 |
| | 缺点 | 餐饮经营者缺乏经验，容易吃亏 |
| 上网搜索 | 优点 | 资源丰富，可足不出户收集相关信息 |
| | 缺点 | 需一一核实信息，鉴别真假 |

"扫街"是很多餐饮经营者常用的手段，也就是直接去大街上寻找张贴转让信息的商铺。这样可以省下一笔开支，也能够直接接触市场环境，第一时间找到好的店铺。不过，如果缺乏经验，餐饮经营者很容易被表象迷惑，轻信转让信息而招惹麻烦，因此有必要结合其他方式以便充分了解情况。

接手转让的旺铺之前，餐饮经营者还应思考更多问题，包括分析原店不再经营的原因，若自己的店铺存在这些问题能否解决或避免，自己接手后能经营多久，后续的房租又如何缴纳，房东的手续、证件是否齐全，转让店铺设施是否齐全，装修和水电的后续问题如何处理等。

在租赁过程中，掌握关键技巧是十分必要的。总结下来，为了省心、省事地租下旺铺，餐饮经营者主要应注意以下 5 点。

（1）核实房东信息以及店铺的产权证明，避免不实信息造成损失。

（2）事先调查。了解当地的市政规划、周围商铺的客流量和营业数据等，避免亏本。

（3）接手前务必与房东洽谈房屋的租金和店铺经营设备、装修等的费用，确定合适的租期，形成书面合同，避免租金突然提高。更要注意的是，接手前

要确认是整体转让还是空店转让，如果是整体转让，需点清设备和物品明细。

（4）考察店铺的债务情况、经营情况，避免跌入转让合同的陷阱。

（5）确保租赁合同完整有效。支付转让费应在合同签订完毕、钥匙交接清楚后进行。

掌握上述技巧，餐饮经营者不仅能节约租赁成本，还能有效规避接手旺铺的风险。

### 2.2.6 用好9个选址策略，定能选到好店址

在餐饮店面选址过程中，餐饮经营者还需掌握以下9个选址策略。

（1）在聚客点附近开店。聚客点是顾客汇集的地方，如商贸中心、超市、医院、学校等。餐饮经营者可以根据自身业态特点，在不同的聚客点附近开店。如学校附近，学生多，客流量大且密集，但学生消费水平普遍不高，适合开小食店、饮品店等；社区住户多，适合开生活用品店和超市；商业区适合开餐厅。

（2）人流靠右行进原则。在国内，行人都靠右行走，因而主干道右侧的门店能接触到更多顾客，同类情况下有更强的竞争力。

（3）店铺选址应因地制宜。各地人群口味不同，餐饮经营者在投资餐饮店之前，必须考虑到当地顾客的需求，搞清楚自己面向的是什么类型和年龄段的顾客，只有符合其具体需要，才能吸引顾客消费，获得盈利。

（4）考虑未来5年发展前景。店铺选址应考虑未来起码5年的发展前景，并确保能和店铺周边社区的发展相结合。例如，某地区正在规划建设商业区或者社区，餐饮经营者就应提前做好筹备，理清餐饮店未来的方向和目标，至少做好未来5年的规划发展，完成相应的安排。

（5）补缺原则和集中原则。在餐饮店集中的街道上，同类型的餐饮店往往竞争激烈。餐饮经营者可以依据补缺原则，选择和自己店铺互补的地方开店，例如在小食店旁边开饮品店等。如果这条街上的餐饮店品类一致，餐饮经营者则应该开设与之接近的店铺，形成餐饮品牌一条街。

（6）远离超级对手或与之配套。如果餐饮经营者想开快餐店，一定要远离如肯德基等超级品牌店，切忌在品牌店附近开设同类型餐饮店铺。否则，餐饮店会在无形之中降低自己的档次，在强劲对手面前很难获得竞争优势。

如果店铺位置已经确定，无法避免这样的情况，那么不妨开一家与之配套的店铺，例如在火锅店旁边开一家奶茶店，互补的同时促进共赢。

（7）在消费氛围浓厚的地方开店。高速公路出入口附近人流量巨大，但人们驾车来去匆匆，消费餐饮的人并不多。因此，人流量大不代表客流量大。餐饮店的最佳位置应该是消费氛围浓厚的地方，如旅游景点、商业体、高档社区附近。

（8）在人们容易停留的地方开店。即便人流量不太大或消费氛围不足，但如果餐饮店开在路人容易停留的地方，往往也能刺激顾客的消费欲望。例如广场附近、公园门口等，还有容易堵车的地段，在这些地方人们都很容易发现和观察到餐饮店，有利于扩大店铺影响力。

（9）截流和汇集。为了在同类店铺中获取优势，餐饮店或者在位置上占据先机，或者开在更靠近消费者的地段，从而达到截流的效果。

# 2.3 市场定位，想好你的顾客从哪儿来

餐饮业不断发展，竞争越发激烈，餐饮经营者只有找准自身市场定位，才能和其他餐饮店产生差异，在市场竞争中占得一席之地。

## 2.3.1 品类定位，你的餐饮店属于哪个细分领域

品类定位，即明确你想开一家什么类型的餐饮店。餐饮业的优秀品类五花八门，中餐、西餐、日料、烧烤、火锅、融合菜等，都有着各自的成功案例。

然而，无论哪个品类，如今基本上都趋于饱和，很难提供迅速成长的空间。在各种品类中寻找机会，创新发展，便成了餐饮经营者定位品类的新希

望。当然，这并不意味着要创造出全新的品类，而是要适度创新，即在符合顾客认知的基础上，进行创新和发展。比如王老吉的定位是防上火饮料，这就符合大众对于凉茶的认知，因此它能取得成功。

品类定位成功的关键在于抓住顾客的消费心理，带给顾客在其他店没有的体验，例如瑞幸咖啡的品类是咖啡，同品类的餐饮店并不少见，然而瑞幸咖啡具有自身特色，因此能吸引顾客眼球，形成品牌效应。

任何品类的餐饮店的菜式、口味一旦火爆，就会出现大批模仿者，造成激烈的竞争压力。因此，餐饮经营者必须以独特的服务、装潢和餐饮模式来留住顾客，确保品类基础上的个体特殊性，这才是最有效的品类定位。

### 2.3.2 市场定位，谁是你的精准顾客

市场定位即餐饮经营者针对顾客心理，塑造餐饮店与众不同、个性鲜明的形象，以此影响目标顾客群对餐饮店的总体感觉。

一家餐饮店要找到顾客并不难，但要打造忠诚的顾客群体则很难。顾客对餐饮的需求是多样化的，口味是多变的。任何餐饮店都不可能完全满足每位顾客的餐饮需求，因此，建立精准的市场形象就显得十分必要。

筹备餐饮店时，餐饮经营者需要明确两大要素，一是自身定位，二是市场定位。

图2.3-1所示为市场定位流程。

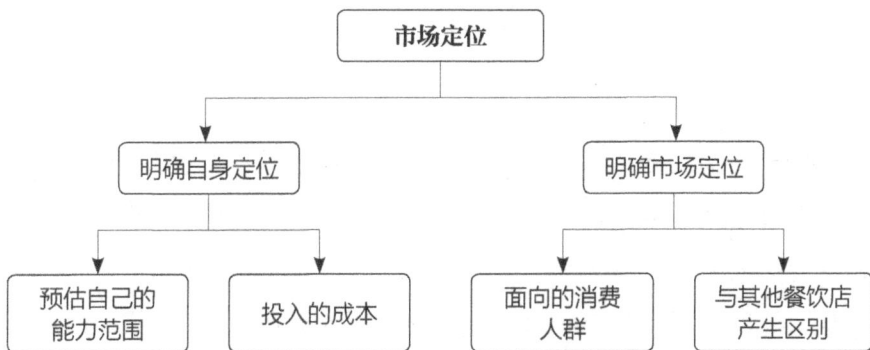

图2.3-1　市场定位流程

（1）明确自身定位。这意味着餐饮经营者一定要想清楚，自己面向什么样的目标顾客群，打算做哪类人的生意。只有选定目标顾客群，才能找准自身定位，并据此做出不同的创新和改变。

明确自身定位，重要的是预估自己的能力范围。例如餐饮经营者投入的资本越多，店铺装潢越精致，服务越周到，那么自身定位更高，面向的顾客群也更高端。

如果餐饮经营者本身投入的成本不多，形象贴近普通大众，却又认为高端的菜品利润更高，想做高端人群的生意，这就会导致自身定位模糊。想要改变原有定位，店铺可能需要重新装修，或者菜品需要重新研究、揣摩，餐饮经营者需要付出更多的成本和精力才能够获得高端顾客的认可。

因此，自身定位和市场定位息息相关，自身定位的明确直接影响着获客成本。

（2）明确市场定位。自身定位明确后，针对主要顾客的需求，可以进一步确定餐饮店的市场定位。

完成市场定位，并非是对产品进行大幅度更改，而是针对精准顾客的需求加以微调。餐饮经营者需要将自己的餐饮店与其他餐饮店区分开来，使精准顾客认识到这种差别，从而在顾客心目中占据特殊的位置。

当然，顾客属性是复杂的，并不能用单一的维度加以衡量，一个顾客可能同时兼具多种身份。因此，餐饮经营者在面向顾客群时，需要考虑到主次定位，精准把握顾客需求，以发挥定位优势。

### 2.3.3 优势定位，你的差异化竞争力是什么

想要有所成就，餐饮店就必须具备自身的独特优势。这意味着餐饮店定位要与其他餐饮店产生差异，形成独有特色，餐饮经营者具体应从以下 5 个方面着手。

（1）速度优势。餐饮经营者可以抢先占领制高点，第一个进入顾客的心中。例如，在同一条餐饮街上，当别人还在装修时，餐饮经营者就已开业，抢

先进入顾客视线，便能占得几分先机。

（2）品牌优势。发挥品牌优势有两种方式。第一种是借位，即借助行业内的领导品牌来帮助自身定位。餐饮经营者可以将自身企业和领导品牌联系到一起，提升知名度，获得更大的品牌优势。第二种是构建品牌。品牌是餐饮竞争中可借助的重要优势。餐饮经营者需将自己的优势融入品牌，构建并深化品牌内涵，从而形成品牌优势。

（3）模式优势。成功的经营模式能够自我裂变，扩张品牌的影响力。如今，最常见的模式就是连锁经营模式。最初门店的创业者在经营过程中，塑造出一套固定的产品和运营模式，随后不停复制、粘贴开设多家分店。

当然，对餐饮经营新手而言，连锁经营模式面临着资金和人员的限制，难以在短期内实现，此时可以学习他人已有的模式，发挥其模式优势。例如火锅的九宫格模式既经典又简单，在全国各地都能占据较为有利的市场地位。

（4）产品优势。餐饮店的优势定位，最基础也最重要的还是在于产品，产品的味道得到认可，那么就很容易获得顾客。

（5）创始人优势。在建立差异化优势的过程中，创始人优势很重要。身为创始人必须热爱餐饮业，能用心经营，不断学习新知识，规划未来发展，如此才能在竞争中将速度、品牌、模式等优势融入门店。比起那些只想赚钱的经营者，这样的创始人更容易获得成功。

### 2.3.4 场景定位，什么场景下你最具竞争力

传统餐饮店定位顾客群，往往只能够做到描绘大概角色，如打工族、一家三口、中老年人等，而不能精确到每个人的需求来刺激他们的购买欲望。在新的竞争态势下，餐饮经营者需要完成场景定位，即分析顾客在消费前后的心理需求，并据此制定相应的营销措施。

例如，餐饮店推出"每日特价"活动，以低价促销为核心，菜品更加大众化，面向低消费水平的人群，其消费场景正如普通人逛街时面对的地摊促销。

再如，当高消费能力的顾客和他人洽谈重要事务时，需要的不是口味多好

的菜品、历史多悠久的品牌，而是安静、宽阔并具备档次感的空间，以便能真正讨论生意或者个人的私密话题。在这样的常见场景中，顾客倾向于选择相对私密的咖啡厅或者私房菜馆。如果餐饮店将主流顾客定位为这样的一个人群，必须将门店设计打造成类似的空间并提供相关服务，以满足他们的需求，形成场景优势。

在不同的消费场景中，顾客有着不同的消费痛点。想找准餐饮店的定位，就不能简单地对顾客贴标签，如"钱多钱少""年龄大小"等，而是应该根据顾客的餐饮消费需求，推算他们在餐饮店的消费逻辑。为此，餐饮经营者需要考虑以下问题。

图 2.3-2 所示为场景定位需要考虑的问题。

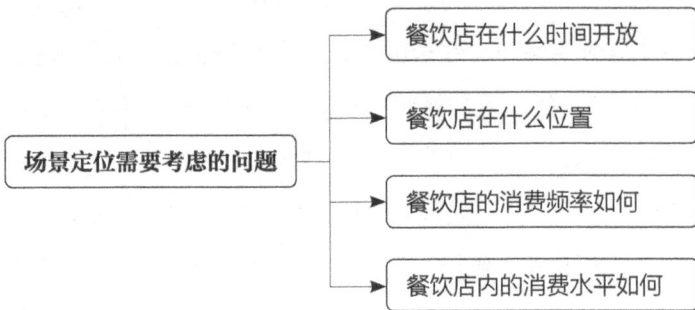

图2.3-2　场景定位需要考虑的问题

将上述问题搞明白，再结合主流顾客人群的身份特征，餐饮经营者就能轻松找到本店的场景定位优势。

### 2.3.5 对手定位，如何做到"人无我有，人有我优"

经营餐饮店必须根据竞争对手的特点调整自身定位，做到人无我有，人有我优。

（1）人无我有，即有效差异化。门店可以通过打造差异，避免和相同品类竞争的对手硬碰硬，运用独特理念吸引顾客，或是抓住竞争对手的不足，将其打造为自身的优势进而超越对手。

例如一些品牌同样是做日料，互为竞争对手。但有的品牌专注于回转寿司，有的品牌专注于拉面，由此形成了差异化竞争。

所谓差异化，即餐饮经营者集中于品类中更细分的品类，最好是竞争对手尚未注意到的部分，积极研发，不断完善和创新。

（2）人有我优。尽管餐饮竞争激烈，但不可能每个品类都已发展到十全十美。积极发现对手不足，将其转化为自身优势，同样能完成有效定位。

比如同样是卖烧烤，当行业趋于饱和，各种各样的烧烤店遍布每个城市的大街小巷，想从中找到具有差异的突破点几乎不可能。某餐饮品牌深知顾客对烧烤的需求已从追求口味发展到追求新鲜品质，于是抓住现有竞争者服务上的不足，将"手工现串"的产品定位发展成其优势和特色，进而获得大众认可。

想做到人有我优，需要深度剖析整个品类的不足。餐饮经营者必须能更加宏观地发现自身和对手的优劣势，才能对症下药，打造赶超对手的定位。

## 2.4 证照办理，关键证照一个都不能少

餐饮店合法经营应办理相关营业证照，其中包括营业执照和食品经营许可证的办理，也可能涉及商标的注册和保护。

### 2.4.1 先照后证，餐饮店如何办理"两证"

营业执照和食品经营许可证，是餐饮店必备的两种证件，其办理方法如下。

#### 1. 营业执照办理

目前，各地市场监督管理局颁发的营业执照，相当于过去的营业执照、组织机构代码证、税务登记证"三证合一"。

表2.4–1所示为营业执照的办理流程。

表2.4-1　营业执照的办理流程

| 步骤 | 方法 | 材料 |
|---|---|---|
| 企业名称预先核准 | 市场监督管理部门核准 | 企业名称核准通知书、公司章程、注册地址证明 |
| 企业提交申请材料 | （1）综合窗口核收材料，出具凭据；<br>（2）相关机构进行检查，要求补正；<br>（3）相关机构审批和登记 | — |
| 领取营业执照 | 领取营业执照正本和副本 | — |
| 办理后续手续 | （1）到公安局指定地点刻制印章；<br>（2）税务登记；<br>（3）银行开户 | （1）需刻制公章、财务章、合同章、法定代表人章以及发票章；<br>（2）税务登记需携带营业执照原件及加盖公章的复印件、企业公章、经办人身份证复印件、法人身份证复印件、发票领购簿、法人章及财务章；<br>（3）银行开户所需材料包括营业执照正本和副本、法人身份证和经办人身份证以及企业公章、法人章和财务章 |

办理营业执照的过程中，餐饮经营者应细心核对信息是否正确，如餐饮店字号名称是否符合相关规定等，以免出现问题，耽误时间。如果经办顺利，提交材料后最多5个工作日（通常只需1~2个工作日）即可拿到营业执照正本和副本，然后依据营业执照刻制公章、进行税务登记，直到银行开户完毕，便完成了所有步骤。

**2. 食品经营许可证办理**

申办食品经营许可证，餐饮经营者需事先了解申请条件，其中最重要的是对比自身是否符合后厨环境条件，如不符合则予以整改；如果符合相关条件，则可以申办食品经营许可证。

办理食品经营许可证后，需要经过市场监管部门的现场验收检查，符合要求后就可以准备材料提交申请，具体办理流程如下。

（1）申请人凭营业执照按要求准备申请材料，填写申请书。

（2）申请人到受理窗口递交申请书及材料，窗口受理并发给《受理通知书》。

（3）企业经营场所所在地市场监管部门于受理后 10 个工作日内进行现场核查。

（4）符合条件的经核准，打印许可证，受理窗口核发食品经营许可证。

（5）申请人凭《受理通知书》到窗口领取食品经营许可证。

食品经营许可证申请所需的材料比较复杂，必须在申请前准备细致，一一核对，若实在无法完成，可以委托专业公司帮忙办理。

在办理营业执照和食品经营许可证的过程中，应注意其经办顺序，必须先办理营业执照，再凭营业执照办理食品经营许可证。

## 2.4.2 证照齐全，餐饮店必办的 11 项手续

餐饮店与顾客的健康息息相关，其开业需办理的手续也很复杂，最多可达11 项。

首先是餐饮店开业的基本手续，包括营业执照和食品经营许可证的办理、税务登记、银行开户。

其余 7 项手续同样重要，具体如下。

（1）环保。环保手续在当地的环保局办理，审批的项目包括噪声、污水、油烟 3 项，审批合格后，由环保局在申请开业登记注册书中有关部门意见栏内签署"同意开业"并加盖公章。

（2）消防。消防手续由当地公安局消防科办理，消防科会派遣消防员前往店内查验。

（3）行业管理登记。行业管理登记在当地饮食行业管理办公室办理。

（4）烟草专卖证。如果餐饮店要销售香烟，应在当地烟草专卖局办理烟草专卖证。

（5）文化项目经营许可证。如餐饮店内有文艺演出项目，应在当地文化局审核办理文化项目经营许可证。

（6）劳务关系。员工社保及公积金应到当地劳动行政管理部门办理。

（7）市容管理审批。市容管理部门负责审批相关文件，餐饮店需签订

"门前三包"责任书。

不同地区的具体法规有所不同，以上手续办理细节存在差异。餐饮经营者在办理手续前，应提前了解，以免漏办。

### 2.4.3 商标保护，餐饮店如何注册商标

商标是一家店铺的独特标志，为了保护自身长期利益，餐饮经营者应重视注册商标。

关于注册商标，餐饮经营者需要做好以下几项工作。

**1. 确定商标类别**

餐饮经营者应积极明确待注册商标的类别，以及能注册什么类别的商标。

注册商标时，餐饮经营者应考虑餐饮店未来的规划和发展，尽可能注册全面的商标种类，如文字、拼音、图形、英文等，以免之后被他人抢注。此外，餐饮经营者还需充分考虑当下所经营的范围，完善商标，以避免损失。

**2. 商标设计**

注册商标的目的在于区分自身和其他餐饮店，因此商标的设计应符合自身的产品和形象特征，更应原创。

**3. 商标查询**

商标查询是注册商标前最重要的环节。商标查询是为了了解商标是否已经有人注册，也可以通过查询了解是否存在类似商标，为己方商标注册提供参考。

**4. 商标注册**

做好注册商标的准备工作后，即可开始着手注册。以下为注册商标的流程。

（1）准备申请文件，提交申请。注册商标需要准备的材料如下。

加盖申请人公章或签名的《商标注册申请书》一份，并按规定的商品分类表填写使用商标的商品类别和商品名称，此表需要打印，不能手写。

黑白商标图样 5 张，要求图样清晰，规格为长和宽分别不小于 5 厘米和 10 厘米。黑白商标涵盖彩色商标，一般情况下只注册黑白商标即可。

餐饮经营者需携带营业执照复印件、本人身份证复印件及原件到商标大厅办理。如果委托他人办理，需要出具商标代理委托书。

注册商标为人物肖像的话，需要出具该人物的授权书。

（2）注册商标需缴纳的费用。一般情况下，一类商品项目在 10 个（含 10 个）以内的申请费用为 1000 元；10 个以上的，每增加一个加收 100 元。

（3）审查和核准。商标局在收到申请书 15 日内向申请人发《受理通知书》，对于符合规定的商标，商标局予以初步审定并予以公告；如果申请书需要修改，则发《审查意见书》或《驳回意见书》。

商标初步审定后，自公告之日起 3 个月内，如果没有人提出异议，商标局予以核准注册，并颁发商标注册证。

商标有效期为 10 年，餐饮经营者应在期满前 6 个月内申请延展注册。如果直到期满 6 个月后仍未提出申请，则该商标会被注销。

一般商标注册的申请期为 15 天，审查期为一年到一年半，公告期为 3 个月，注册一个商标大约需要两年的时间。

需要注意的是，商标注册申请人应当按规定的商品分类表填报使用商标的商品类别和商品名称，提出注册申请。商标注册申请人可以通过一份申请就多个类别的商品申请注册同一商标。

如果商标存在相似，可能被驳回，这时候商标注册申请人有放弃和驳回两种选择。餐饮经营者如果特别需要这个商标，可以选择驳回复审。

### 2.4.4 证照变更，餐饮店证照如何变更与注销

经营餐饮店时，经常会出现房租到期更换地址，或者出现合伙人的变动等情形，此时需要变更营业证照。

营业证照要及时变更或注销，避免年检时出现实际经营情况和营业证照不符的问题。

## 1. 营业执照的变更

营业执照的变更程序如下。

营业执照的变更一般需要提交 5 项材料，其中 4 项基本材料包括企业正、副董事长签署的《变更登记申请书》（一式两份），企业董事会决议，营业执照正本和副本，登记机关要求提交的其他材料。

除上述 4 项材料之外，还有一项与变更事项相关的材料。例如变更经营地址时，则需提交新的经营地址的使用证明；变更经营范围时，则需提交变更中涉及国家法律、法规需进行专项审批的批准文件。

## 2. 营业执照注销

根据《中华人民共和国公司登记管理条例》对于公司注销的规定，我们可以清晰了解到营业执照注销的具体内容。

第四十三条　公司申请注销登记，应当提交下列文件：

（一）公司清算组负责人签署的注销登记申请书；

（二）人民法院的破产裁定、解散裁判文书，公司依照《公司法》作出的决议或者决定，行政机关责令关闭或者公司被撤销的文件；

（三）股东会、股东大会、一人有限责任公司的股东、外商投资的公司董事会或者人民法院、公司批准机关备案、确认的清算报告；

（四）《企业法人营业执照》；

（五）法律、行政法规规定应当提交的其他文件。

国有独资公司申请注销登记，还应当提交国有资产监督管理机构的决定，其中，国务院确定的重要的国有独资公司，还应当提交本级人民政府的批准文件。

有分公司的公司申请注销登记，还应当提交分公司的注销登记证明。

第四十四条　经公司登记机关注销登记，公司终止。

## 3. 食品经营许可证的变更与注销

食品经营许可证的变更与注销程序如下。

（1）食品经营许可证变更。经营的食品许可发生变化的，餐饮经营者应当在发生变化后的 10 个工作日内向原发证的市场监督管理部门申请变更食品经营许可证。

变更经营位置需重新申请食品经营许可证；变更仓库地址需向相关监督部门报告；变更经营食品需提交食品经营许可变更申请书，并提供食品经营许可证正、副本。

（2）食品经营许可证注销。当餐饮经营者终止经营时，或者食品经营许可证被吊销时，需在一个月内向当地市场监督管理部门申请办理注销。

餐饮经营者只注销某项食品经营许可时，需提供食品经营许可证的正、副本以及与该食品相关的其他材料。

## 2.5 资金筹备，准备充足的"弹药"

对于餐饮店的经营而言，资金是必不可缺的"弹药"。开店前，经营者应筹集足够的资金，以防在经营过程中出现问题，导致损失。

无论是自筹还是众筹，餐饮经营者一定要做好资金规划，签好对应合同，确保利益不受损失。

### 2.5.1 自筹资金，如何快速自筹资金

自筹资金是餐饮经营者通常会选择的主要方式。自筹资金既包括个人存款筹资，也包括贷款等其他方式筹资。

个人存款筹资不仅能降低经营风险，也能确保餐饮经营者掌握管理本店的绝对话语权，无疑是最好的筹资方式。但很多情况下，餐饮经营者会面临自有资金不足的情况，这就需要通过贷款方式筹集资金。

图 2.5-1 所示为贷款等其他筹集资金的方法。

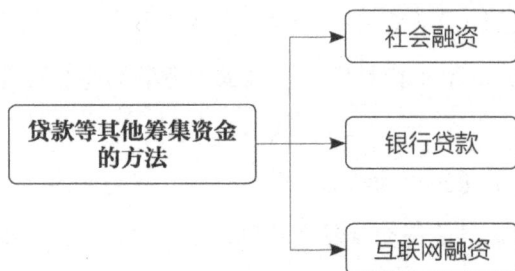

图2.5-1　贷款等其他筹集资金的方法

（1）社会融资。想要快速筹集资金，最直接的方法是利用个人社会资源，即寻求亲戚朋友的帮助，这种方式最为快捷便利。如果餐饮经营者的信用在亲朋之间很好，筹集资金的速度也会很快。

社会融资的好处在于没有复杂的手续，也不需要到处奔波申请和审批，很快就可以获得资金。当然，这种融资在还款时一旦违约，会使餐饮经营者的个人信誉受损，严重的话还可能背负法律责任。为避免上述风险，餐饮经营者应主动提出签订协议，做到亲兄弟明算账，约定还款利息和时间，不拖欠账款，确保双方利益。

（2）银行贷款。向银行贷款，可以避免复杂的社交步骤。大多数银行有不同的融资产品，如个人贷款、商业贷款、POS贷款等，经营者可以根据自身情况进行选择。

如果餐饮经营者有过经营店铺的经历，就可以申请商业贷款；但如果是第一次开店的餐饮经营者，并未积累过相关信用，可能很难满足银行商业贷款所需的相关条件，无法申请。此时餐饮经营者可以申请个人贷款，也可以抵押自己的资产以获得银行的贷款。

银行贷款的优势在于贷款期限长、利率低，但对借款者要求较高，需要很好的个人信用和相应的资产担保。

（3）互联网融资。一些互联网途径也可以实现融资，如支付宝借贷等。这种融资优势在于过程简便、门槛低，缺点是利率高、债务压力很大，餐饮经营者必须选择正规的互联网借贷途径，避免被骗。

### 2.5.2 合伙筹资，事先约定好权责

如果餐饮经营者个人存款不足，又无法依靠个人能力借贷，自筹资金就无法满足经营需要。此时，餐饮经营者可以考虑合伙筹资的方式。

合伙筹资的方式可以使筹资责任由合伙筹资人分担，参与者压力减少。但合伙筹资往往会形成合伙经营，其弊端也很明显。为此，合伙筹资之前，餐饮经营者必须先与合伙人达成共识，做好权责分配和协议签订的工作。

（1）达成共识。餐饮经营者必须围绕餐饮店经营的各个方面和合伙人达成共识，以免未来产生分歧，限制餐饮店的发展。

（2）约定权责。每个合伙人分别负责筹集多少资金，获得多大的权力，承担多少责任，都需要共同提前商议，其中包括但不限于合伙人的投资和股权比例，退出的应对措施、违背协议的处理方法等。

（3）签订协议。商讨完权责分配后，合伙人签订协议，以书面形式保障每个人的权益。

协议的内容除约定的权责外，需细化合伙人的权利和义务，制定制度，约束每个合伙人的行为，避免感情用事。

当然，合伙经营时如果能本着真诚、互信的态度发现问题、提出问题和解决问题，就事论事，具体分析，往往很容易解决分歧。

合伙筹资之前，餐饮经营者最好向餐饮经验丰富的餐饮人士或者专业人士进行咨询，避免不必要的麻烦，保护自己的利益不受侵害。

### 2.5.3 餐饮投资，约定好投资回报

餐饮经营者也可以通过吸引投资的方式筹集资金。如果餐饮经营者提出的餐饮店规划足够吸引人，就能吸引更多的投资。但是在正式开店前，餐饮经营者应先和投资者约定未来回报。

约定投资回报的内容主要包括以下两点。

（1）投资金额和方式。投资者投资金额的具体数量，是一次性到账还是分期付款等，餐饮经营者应围绕这些问题与投资者商议明确并签订协议，避免不必要的纠纷。

（2）投资回报。投资者看重回报，而是否投资既取决于风险也取决于收益。因此，在筹集资金时，餐饮经营者要站在投资者的角度考虑其投资回报的风险大小，投资回报的结算周期，是承诺还本还是不承诺还本等问题，并且及时向投资者说明。

### 2.5.4 创业融资，如何写好创业融资计划书

餐饮店有着良好的发展前景，能带来很好的收益，才能吸引更多资金，因此这些内容应充分体现在创业融资计划书里。

如何写好一份创业融资计划书呢？融资计划书应根据投资者的需求，清晰地体现餐饮店的定位、回报的稳定性、未来的发展性以及创始人的个人优势等。

在具体写创业融资计划书时，还应注意以下4点。

（1）项目介绍。餐饮经营者需将整个项目梳理清晰，包括开餐饮店的初衷，餐饮店的设计思路、餐饮店怎么发展、如何赢利、优势在哪里，等等。

（2）竞争优势。餐饮店项目是否值得投资，在于其是否具备竞争优势以及是否能持续赢利。写创业融资计划书时，餐饮经营者应重点分析本项目的市场前景以及用以达成目标的营销策略。

（3）发展前景。餐饮经营者应考虑餐饮店如何持续赢利，也要表述获取回报的时间期限，从而充分展现餐饮店的商业价值以吸引投资。

（4）融资计划。餐饮经营者应详细表述自己将如何融资，如何提供回报，融资的金额、用途以及股权出让安排等，还应陈述自己已投入的资金情况，这些内容对投资人而言非常重要，要尽可能详细地描述。

写好创业融资计划书才能快捷有效地获得融资。如果缺乏写融资计划书的经验，请专业机构代笔也是不错的选择。

# 第 3 章

# 餐饮店设计：

## "高颜值"可以增强餐饮店的吸客能力

开店前，确定餐饮店的装修风格是相当重要的。"颜值高"的餐饮店，不仅应有合适的装修风格、独特的菜谱设计，还应充分重视员工服装，店铺LOGO等各个细节，力图营造吸引顾客、提升品牌知名度的环境氛围。本章将从店面设计、菜谱设计和标志设计等方面，介绍餐饮店增加流量的秘诀。

# 3.1 店面设计，顾客更喜欢"高颜值"的餐饮店

优秀的餐饮店店面设计，能给人留下深刻印象。为此，餐饮店店面设计不仅应具有辨识性，还需要提供"高颜值"的审美享受。

## 3.1.1 门脸设计，让人一眼就记住

好的餐饮店，通常都有好的门脸。门脸能在视觉上给顾客留下第一印象。

好的门脸设计需坚持产品、意蕴、表达兼顾的原则，以文字为主，图案、布局为辅，使二者相辅相成。

### 1. 设计原则

门脸的设计原则如下。

（1）产品。门脸通常由文字和图片组成，文字和图片应以表达产品为主，切忌"挂羊头卖狗肉"。例如，门脸上悬挂着红酒、牛排形状的霓虹灯，实际经营的却是快餐，只会令顾客感到莫名其妙。

（2）意蕴。对于好的门脸而言，意蕴很重要，这可以使店面区别于其他餐饮店，也可以加深顾客的记忆。门脸能传递的视觉信息有限，其展示的内容更应立意深远、富含特色。

（3）表达。门脸是展示给大众的，要符合大众审美，即通俗的审美。同时，也要注意面向特定顾客群的针对性，如咖啡店的简约典雅，火锅店的热烈浓厚，土菜馆的乡村气息。

### 2. 门脸内容

门脸内容主要包括文字、图案和布局，为确保餐饮店的门脸美观，文字和图案的搭配应通过布局来达到和谐相融的效果。

（1）文字。文字应使用美观大方、容易辨认的字体，如楷书、行书等，

避免使用繁体字和生僻字。

（2）图案。图案可以使用商标图案或照片，照片的风格色调要与门脸文字相呼应搭配。

（3）布局。门脸布局应以文字为主、图案为辅，要确保二者和谐统一、画面协调。

### 3. 牌匾位置

通常情况下，牌匾位于餐饮店门口正上方，为方块状，也有特殊圆形或其他形状。无论什么样式，应注意保持门脸与周边环境和谐相融。

## 3.1.2 店名设计，如何设计好记又上口的店名

店名影响着餐饮店品牌的传播效率。好的店名不一定要用字高雅，但必须好记上口。这样的店名更容易传播，也更受大众喜欢。在此基础上设计新奇的店名，更能吸引顾客眼光。尤其在追求娱乐化的年代，新奇而不猎奇，通俗而不低俗，是设计店名的不二法则。

### 1. 店名设计原则

设计店名应遵循以下两个原则。

（1）精简。店名越简单越好记，大多数容易口口相传的店名都很好记。一般而言，餐饮店店名应控制在4个字以内。

（2）内涵。不同时代有着不同的文化，这些文化代表着人们共同的生活方式和精神追求，好的餐饮店名应追求富有时代内涵的内容。例如"茶颜悦色"等名称，充满活力，有着时代寓意，更容易被顾客熟记。

### 2. 店名设计方法

如果想不出合适的店名，经营者可以参考以下方法。

（1）结合姓氏。例如王哥大虾、苏氏面馆，这样的店名简洁明了且涵盖了产品和特点，更容易记忆和传播。

（2）结合位置。如果姓氏和餐饮产品结合起来不太和谐，可以考虑直接

以店铺位置命名，如巷口火锅、路边烤串等，这样的店名富含生活气息，顾客仿佛闻着味儿就能找过去。

（3）结合地域。美食特色往往和地域有关，在设计店名时应考虑这一点，如潮汕海鲜粥、天津包子、巴西烤肉等，在展现自身特色的同时，也能吸引一大批有地域偏好的顾客。

在设计店名时，应避免使用生僻字，否则不仅难以记忆，还会影响品牌的传播效果。店名本身也应符合餐饮店的规模、格调、消费层次等特点。

### 3.1.3 灯箱设计，让顾客在晚上一眼找到你

门脸的设计主要考虑白天的效果，但夜晚同样是大多数餐饮店的重要经营时间段，因此，灯箱的设计同样必不可少。

灯箱的设计主要考虑材质、成本、效果等多方面的要素。餐饮经营者应在不超出成本预算的情况下，利用灯箱营造出最好的灯光效果。

表 3.1-1 所示为不同材质灯箱的优缺点对比。

表3.1-1 不同材质灯箱的优缺点对比

| 灯箱类型 | 材质 | 优点 | 缺点 |
|---|---|---|---|
| 透光材料灯箱 | 灯箱布、透光板、金属、框架、日光灯 | 造价低，制作简便，易维护 | 易褪色，缺乏变化，较为死板 |
| 霓虹灯 | 霓虹灯管 | 可控制，夜间效果最佳 | 制作费用高，使用寿命短，白天不明显 |
| 字形灯箱 | 有机玻璃面板，以字形为灯箱 | 较为美观，传播远，夜间效果好，两面透光 | 内容受限，多竖立在高处 |
| 串灯 | 塑料等材质 | 可烘托气氛，设置灵活，价格便宜 | 寿命短，仅适用于门前和夜市装饰 |
| 灯笼 | 塑料等材质 | 可营造喜庆、热烈的气氛 | 需要经常清理、维护和更换 |

不同餐饮店的风格、位置、规模都有区别，经营者应根据实际情况设计灯箱。

灯箱应与餐饮店的特点相符。在餐饮店规模较大，或者资金充足的情况

下，也可采用不同的灯箱来营造复合效果。

### 3.1.4 颜色搭配，色系搭配要醒目温暖

餐饮店合理搭配颜色，有助于吸引顾客，刺激消费。

颜色涉及餐饮店的诸多因素，无论是门脸、灯光、店内装修，都要加以考虑。

不同的颜色能带给顾客不同的感觉，颜色搭配应与产品因素相结合，也应考虑顾客的心理需要。科学研究表明，红色带给人热情洋溢的感觉，能让顾客增强食欲，更适合阖家欢聚的中餐店；橙色带给人阳光、友好、欢乐的感觉，让人备受鼓舞，适合年轻人居多的快餐店；绿色更容易让人放松，舒缓压力，适合令人放松的咖啡店，如星巴克等。

在搭配颜色时，需要注意以下两点。

（1）颜色种类不宜过多。餐饮店进行颜色搭配时，最好选用两三种颜色作为主色调，色温、色调保持统一，或者全是暖色，或者全是冷色。餐饮店应避免采用过多的颜色，否则容易给顾客造成视觉上的不适。

（2）采用黄金比例。6：3：1为平面设计中的黄金比例，餐饮店搭配色彩时要遵循这个原则，采用60%的主色，40%的辅助色，主次分明。

无论餐饮店采用什么样的颜色搭配，都要先确定餐饮店的主色调，再用其他的颜色来进行搭配，如果主色鲜艳深刻，辅助色就应清新淡雅，类似的搭配能带给顾客更美好的视觉感受。

## 3.2 营业空间设计，餐饮店装修是一门艺术

利用有限的空间为更多的顾客提供优质服务，是餐饮店进行营业空间设计的根本目的。

在餐饮店营业空间设计中，除了空间设计外，氛围设计、灯光设计，以及

能提升顾客体验的收银台设计，都很重要。

### 3.2.1 空间设计，餐位如何布置才高效而舒适

餐饮店内，营业空间占据主要地位，其中主要包括餐位、过道和吧台等；操作空间即后堂，主要包括厨房等；其他空间则处于辅助地位，包括办公室、卫生间、仓库等。

在营业空间设计中，餐位设计最为重要。餐位摆放会直接影响餐饮店容客量。

图 3.2-1 所示为餐位设计的要点。

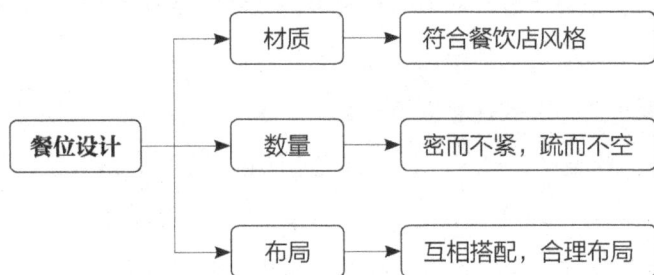

图3.2-1 餐位设计的要点

#### 1. 材质

设计餐位时，使用的材质并非越高档越好，而是应该根据不同定位选择不同材质，要符合餐饮店风格。例如普通餐饮店面向大众、客流量较小，适合简约质朴的木质桌椅；快餐店的人流量大、用餐快捷，往往使用塑料桌椅。

#### 2. 数量

餐位并非越多越好，餐位拥挤会影响店内空间的美感，也会使顾客行走不便。理想状态的餐位数量应该密而不紧，疏而不空，大致数量可以通过"营业空间面积除以每个餐位的面积"的公式来计算。实际上，店内实际餐位还应在此基础上适当减少，因为其中靠近厕所和后厨的位置即便摆放了餐位，也很少有顾客愿意坐，容易浪费空间，增加成本。

### 3. 布局

餐位布局应该与全店装修风格相符，并在保证餐饮店正常营业的情况下，最大化地利用空间。

餐位应互相搭配，合理布局，另外还要注意以下两个方面。

（1）通行方便。餐位布局应保证通行方便，不能过于紧密。

（2）包间和大厅餐位合理分布。包间和大厅餐位应该根据店内空间合理搭配，根据餐饮店需求进行安排，避免盲目增加而影响餐厅布局，导致使用率低下，造成浪费。

### 3.2.2 氛围设计，如何让米粉吃出"高大上"的感觉

氛围感可以帮助餐饮店吸引顾客反复消费。所谓氛围设计，是指通过摆设、灯光、味道等因素，从视觉、嗅觉、听觉等层面带给顾客不同的感觉和体验。

一家看似普通的米粉店，面积100平方米左右，餐桌10余张，人均消费40元，如何营造合适的氛围感，让顾客获得"高大上"的体验？经营者可以从店面装潢、餐位布局和警示标识等方面考虑。

（1）店面装潢。米粉店主营中式快餐，主要面对普通收入人群。店面装潢不必过于豪华，简单朴素的木质餐桌就能够满足需求，还能够形成传统中式的感觉。墙壁可以采用鹅黄、乌木黑、白色等相互搭配的颜色，灯饰可以选择吊灯，也可以选择简约的吸顶灯。

（2）餐位布局。餐厅可以采用圆桌和长桌搭配的方式，在有限的空间放入更多餐位。圆桌可以放中间，长桌放四周靠窗，以满足顾客集体或私密用餐的需要。

米粉店出餐、用餐都很快，意味着店内客流量大，因此最好使用轻便可叠放的椅子，便于清洁打扫。

（3）警示标识。米粉店如果想要产生与众不同的氛围感，不应依靠奢华的装修，而应依靠温馨的提示。例如，一张温暖的便利贴，一块细心的警示标

识，都能让顾客有宾至如归之感。

### 3.2.3 灯光设计，如何利用灯光提高营业额

餐饮店内外都离不开灯光，有效的灯光设计有助于提高营业额。然而，很多餐饮经营者在设计灯光时，往往依靠主观感觉和个人审美，表面上看灯光与店内环境似乎相得益彰，但灯光在经营上却没有发挥太多作用。

灯光设计并非好看就够了。想要利用灯光提高营业额，必须从激发消费欲望和营造氛围入手。

（1）激发消费欲。优秀的灯光设计能够为菜品增色，让顾客食欲大增，刺激顾客的消费欲望。

例如，甜品店常用粉白的灯光为甜品增加色泽，使甜品看起来更加美味；面包店常用暖黄的灯光为面包渲染暖金色的焦糖质感，让面包看起来更诱人。

（2）营造氛围。咖啡店适合明亮温暖的灯光，小酒馆适合昏暗迷离的灯光，不同的餐饮店需要利用不同的灯光来营造不同的氛围。同时，餐饮店在设计灯光时，也要考虑到灯光的流动性，明暗交杂，各色交错的灯光有着独特的美感。

灯光不仅能够营造氛围，也能体现餐饮店的文化底蕴，是餐饮经营者不容忽略的设计要素。

### 3.2.4 收银台设计，如何让顾客体验更好

顾客用餐结束后，他们的体验是否就结束了？答案当然是否定的，收银台是决定他们情绪的最后关口。

当顾客要结账时找不到收银台和付款码；或者排完长长的队即将买单时，却被告知不支持支付宝支付……这种心情可想而知。即便餐饮店的装潢、灯光、菜品、服务都很不错，但收银台却空间局促、台面过高等，顾客也会相当反感，很可能不会再次光临。因此，餐饮店必须重视收银台设计，让顾客在结账时也能保持愉悦的心情。

收银台的设计技巧主要有以下几点，如图 3.2-2 所示。

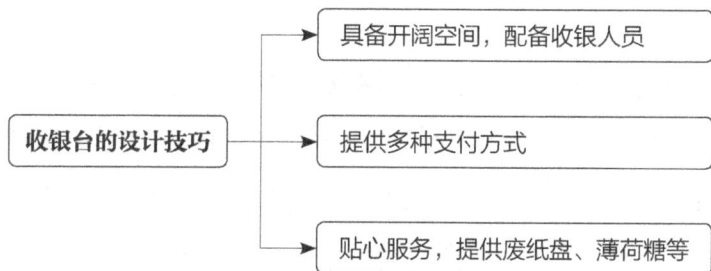

图3.2-2　收银台的设计技巧

（1）收银台应具备开阔空间，避免拥挤，防止顾客难以结账。同时，要配备一到两名固定收银人员，防止顾客买单时找不到人，这也能有效避免逃单的情况。

（2）提供多种支付方式。结账时，餐饮店应提供多种支付方式，收银人员应主动引导顾客结账，也可引导顾客使用美团等平台给予好评，此时可赠送顾客纪念品，这样做可以使顾客在离店后还有所回忆。

（3）贴心服务。收银台上可摆放一些有趣的小摆件，如招财猫、小玩偶等，可以避免顾客在等待时无聊，也可以帮助顾客哄孩子。此外，也可摆放一些薄荷糖等清新口气的小零食，让顾客感到贴心和温暖；还可以摆放牙签、餐巾纸、废纸盘等，方便顾客使用。

## 3.3 菜谱设计，精美菜谱能让顾客胃口大开

餐饮店可通过菜谱上的图片和文字让顾客快速了解菜品并做出判断。同时，菜谱也能展示菜品的价格，而这需要餐饮经营者仔细考量。因为一份菜品推出后，其价格需要根据市场需求和顾客反馈来合理调整。合理的价格能吸引顾客，提高营业额，反之则会造成顾客流失。

好的餐饮店要兼有引流菜、招牌菜和利润菜，并在菜谱的展示顺序上加以体现。

### 3.3.1 菜谱排版，影响顾客对餐饮店的判断

有的餐饮店为了证明实力，在菜谱上密密麻麻地展示着各种菜品。然而，这样的菜谱排版并不科学，容易让顾客分不清主次，更让那些有"选择困难症"的顾客有苦说不出，并不利于营销。

菜谱排版时，必须注意精简，保留经典、特色菜品。精简菜谱应遵循以下原则。

（1）突出招牌菜。餐饮店在对菜谱进行排版时，必须充分突出招牌菜，引导顾客第一眼就发现特色，如将招牌菜置于菜谱最顶端。

（2）化繁为简。顾客点菜时很可能难以抉择，看这道菜也好吃，看那道菜也不错。如果翻上好几页都选不出满意的菜来，顾客很有可能就随便一点，草率用餐。因此，菜谱应化繁为简。餐饮经营者可以直接在菜谱中推出特色套餐，便于一步到位，避免顾客在点菜上浪费时间和产生困扰。

（3）及时更新。普通餐饮店的菜谱更新速度总是难以跟上市场需求，尤其是一些小型餐饮店，难以满足不同时间段顾客的需求。

中国人对食物讲求应季应时，春季的笋，夏季的冰饮，秋季的蟹，冬季的羊肉汤，在不同时间段吃不同的食物，是一种凝聚了情感因素的传统。因此，餐饮店有必要根据季节的不同及时更新菜谱，合理搭配。此外，餐饮店也可以根据顾客群的不同，提供多份菜谱，满足不同顾客的需求。

### 3.3.2 菜品价格，如何锚定你的顾客群

餐饮店在对菜品进行定价时，应充分考虑到食材和调味料的成本，以及水电费、员工工资等费用，要保证既能通过菜品获得利润，价格也不会超出顾客心理水平和市场平均水平。

通常情况下，定价有合理价位、低价位和高价位3种。

（1）合理价位。合理价位通常是餐饮店通过计算成本，在确保利润的前提下制定的，常见于家常餐厅。

（2）低价位。餐饮店制定低价位的目的通常是宣传新菜品、清理库存等。

（3）高价位。高价位通常见于高级餐厅或宴会厅，菜品定价包含了服务费等。

菜品定价时，一些餐饮经营者力图压低成本推出更低价的菜品，但菜品定价并不是越低越好，同样的菜品在不同的餐厅价格不同，给人的感觉也不同。

餐饮店在定价时，应该综合考虑多方面的因素，要让顾客觉得物有所值、心甘情愿地接受菜品的定价。此外，餐饮店也可以采用保留尾数的办法，让顾客觉得便宜，比如19.8元和20元，明明相差不大，但前者更容易被顾客接受。

### 3.3.3 菜品图片，影响顾客点单效率

普通餐饮店通常只准备文字菜谱，这样做除了是因为能节约成本外，还因为顾客对于这些菜品都有足够的了解。但如果是高端餐厅或者特色餐厅，只列举菜品名字就会显得枯燥单调，没有具体的形象很难让顾客对菜品产生有效的预先认知，不利于顾客点餐，也无法展现菜品特色。

对于优秀的菜谱而言，图片是必不可少的。精美的图片加以文字辅助，能满足顾客的好奇心，使其产生消费欲望。

菜品图片的展示不必面面俱到，而是挑选招牌菜和主打菜加以展示即可。菜谱中菜品很多，全部配上图片会增加菜谱的厚度，导致顾客点餐不便，也不易突出重点。

使用菜品图片应注意以下几点。

（1）菜品图片不必统一，可以采用不同尺寸的图片，参差不齐更具美感；也可以多方位、多角度地展示菜品，但菜品图片应有主次，方便顾客选择。

（2）对于招牌菜，可以将其图片放到前几页、推荐页中，搭配文字描

述，突出介绍招牌菜。

（3）适当留白。菜谱中切忌排版太满，图片占主要位置，文字占总页面的面积不超出 50%。适当留白，能平衡文字和图片的空间感，也可以避免过于密集，导致顾客产生不好的观看体验。

### 3.3.4 菜谱设计的 10 个方法

餐饮店在设计菜谱时，可以参考以下 10 个方法。

（1）合理利用颜色。设计菜谱和设计灯光有着共同点：暖色比冷色更能为菜品增色，可以有效引发顾客的好奇心，促进顾客消费。

（2）引流菜的价格应低于市场价 20%，特色菜的价格应高于市场价 20%。引流菜需做到薄利多销，定价应该略低；特色菜是利润的保证，定价应该略高。二者合理搭配，可以确保餐饮店的盈利。

（3）在主打菜旁边搭配一些配菜可以有效提升客单价。

（4）菜品可以设计出小份或者半份。小份菜和半份菜的出现，既避免了浪费，也能让顾客多品尝几样菜品，可以增加回头客。

（5）重复出现菜品。为提高招牌菜的营销效率，可在菜谱上多次组合搭配，使其重复出现，增加曝光率。

（6）特殊标注的使用。在菜谱上可以用不同数量的星星和辣椒分别代表菜品的好评度和辣度，给予顾客直观的形象，帮助顾客做出判断。

（7）菜谱排版尽量避免采用对齐的形式，以免顾客因为枯燥感而忽略内容。

（8）菜品的名字应新颖独特，最好以优美的故事辅助。

（9）可以按顾客点菜的习惯进行分区，如主食、炒菜、焖锅等，将主推的菜品靠前放置，增加其曝光率和点菜率。

（10）可以在标题上运用一些小"套路"，比如"不点必后悔的菜""大嫂最喜欢的菜"等，激发顾客的好奇心。

# 3.4 服装设计，统一服装让顾客心情愉悦

在较大型的餐饮店或连锁餐饮店，员工大多身着统一的服装，给人整洁大方之感，让人心情愉悦。

餐饮店员工的服装应在胸口处展现店铺 LOGO，可以是印绣文字，也可以是印刷商标，从而使服装成为重要的宣传手段。

## 3.4.1 色系搭配，强化形象标识

餐饮服务成败的关键在于餐饮店员工。因此，餐饮店员工的整体形象就是顾客对餐饮店的第二印象。整洁和谐的服装搭配，能给顾客带来亲切的感觉。

员工的服装设计应注意以下两方面。

（1）颜色搭配。餐饮店员工的服装理应贴合店面装潢的主色调，或者采用百搭的白色、红色、黑色。白色服装能带给顾客整洁的感觉，让顾客从心理上感到安心舒适；红色服装能让顾客感受到热情和活力；黑色服装则能凸显餐厅的格调。

（2）形象标识。餐饮店员工的服装应带有形象标识。服装能使用的颜色毕竟有限，例如很多中餐厅员工的服装都采用红色系。为了避免顾客记忆混淆，服装上应有形象标识。这些形象标识除了能和餐饮店的名字相互呼应，也能展现餐饮店的文化，扩大其影响力。

## 3.4.2 文化融入，文化衫让顾客印象深刻

许多著名的菜品背后都有故事，如北京烤鸭、松鼠鳜鱼、宫保鸡丁等。如果你想开一家独具特色、充满底蕴的餐饮店，通过文化内涵进行宣传和营销便必不可少。文化内涵也可外化于服装上，即为"文化衫"。

文化衫主要利用员工非工作时间穿着的服装，对餐饮店品牌发挥宣传作用，表 3.4-1 所示为设计文化衫的要点。

表3.4-1　设计文化衫的要点

| 项目 | 图案 | 要点 |
|------|------|------|
| 正面设计 | LOGO 和招牌菜的图案 | 吸引顾客注意，宣扬餐饮文化 |
| 背面设计 | LOGO 和口号 | 宣扬餐饮文化，采用经典广告词和口号 |

（1）正面设计。LOGO 是文化衫正面必不可少的细节，一般印在胸前，以商标搭配文字为主。也可以在文化衫正面印上餐厅招牌菜的卡通形象，吸引顾客关注。

（2）背面设计。文化衫的背面同样可以印 LOGO 和图案，而且在背面，可以增大企业的 LOGO，加上品牌经典广告词或口号，以促进餐饮店文化内涵的传播。

无论怎样设计，餐饮店员工服装的搭配都应尽量活泼轻快，让人眼前一亮、心情愉悦。

# 3.5 标志设计，做好品牌从餐饮 LOGO 设计开始

品牌 LOGO 包含品牌文化特色，是品牌内涵的凝练表达，是品牌传播的重要载体。通过 VI（Visual Identity，视觉识别）设计，餐饮 LOGO 能带给顾客独特的舒适感，以独特的魅力来吸引顾客。款式独特新颖的餐具也能带给顾客美好的体验，成为另一种意义上的餐饮 LOGO。

## 3.5.1 LOGO 设计，简单好记易传播口碑

餐饮 LOGO 的设计，需要贴合餐饮品牌本身，比如主营水煮鱼的店的 LOGO 应采用鱼的图案，主营炸鸡的店的 LOGO 应采用鸡的图案。

LOGO 设计应做到能使顾客在心理层面产生共鸣。海底捞的 LOGO 主体采用"hi"的图案，既表达了向顾客问好，又展现着如"海"的热情服务理念，而其配饰采用的是代表火锅的圆形边框和拟形辣椒。

成功的品牌 LOGO 往往是便于传播的，例如蜜雪冰城的雪人看似幼稚，但被顾客广泛接受。如何设计一个好的 LOGO 呢？图 3.5–1 所示为品牌 LOGO 的设计要素。

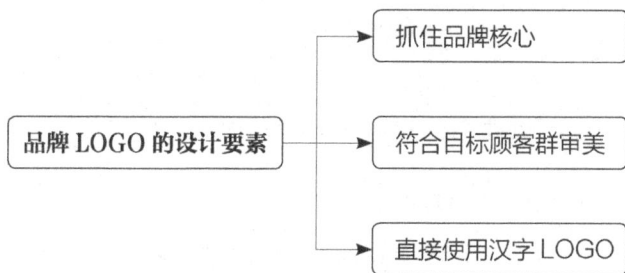

图3.5–1 品牌LOGO的设计要素

（1）抓住品牌核心。餐饮经营者应将品牌的核心融入 LOGO 中。这需要餐饮经营者先准确解释品牌文化中最重要的部分；然后将之凝聚成一两个词；随后再思考如何将这些词以形象的方式表达，如何将其融入图形中，又如何使其符合顾客的认知。当餐饮经营者弄清这些问题后，品牌 LOGO 的设计就有了方向。

（2）符合目标顾客群审美。品牌 LOGO 应符合目标顾客群的审美。如果品牌面向年轻人，可以在 LOGO 中融入轻松活泼的元素；如果品牌面向中年人，可以在 LOGO 中融入文化元素和吉祥寓意。

（3）直接使用汉字 LOGO。品牌 LOGO 的设计，并不一定总是需要使用图案，很多情况下直接采用汉字也是不错的选择。

例如，中式快餐品牌老娘舅的 LOGO，就是一个装在饭碗中的"舅"字，突出展示了品牌名称和内涵。汉字 LOGO 能更直观地展现品牌，也便于宣传营销；而且不需要设计复杂的图案，一定程度上也能降低成本。

## 3.5.2 字体设计，传递餐饮店文化

汉字在餐饮店 LOGO 设计中用途广泛。汉字字体多种多样，隶书、行

书、楷书，每种字体都有其不同的特点，代表着不同的文化内涵。因此，餐饮店设计有必要对汉字字体展开研究，选择贴合本店风格、能传播本店文化的字体。表 3.5-1 所示为部分字体的特点。

表3.5-1　部分字体的特点

| 字体 | 特点 |
| --- | --- |
| 隶书 | 书写效果略微宽扁，横画长而直画短，呈长方形，讲究"蚕头雁尾""一波三折" |
| 行书 | 既工整清晰，又飘逸活泼 |
| 楷书 | 横平竖直，方便美观，能够适应实际生活的需要 |
| 草书 | 草书结构省简，笔画纠连，乱中有序，独树一帜，具有狂乱美 |
| 魏碑 | 疏密自然，纵横倚斜，错落有致 |

在设计 LOGO 时，对于字体的选择，没有绝对的好坏之分。餐饮经营者应把握不同字体的特点，选择与餐饮店风格相匹配的字体。此外，餐饮经营者也可以请专业人士进行艺术设计，创造符合餐饮店的字体。

### 3.5.3 VI 设计，如何走出时尚爆品范儿

餐饮店的设计越和谐统一，越能带给顾客舒适感。

VI 设计，即将品牌的一切可视因素进行统一的视觉表现和标准化、专有化的呈现。VI 设计能保证餐饮店内外的一切装饰和餐饮店的主题相匹配。

在大多数连锁餐饮店中，我们都能看到 VI 设计的成果。例如肯德基的红色门脸、红色餐盒、红色包装，以及统一的 LOGO 等，都在视觉上达到了统一。但很多餐饮经营者进行餐饮店外形设计时，并没有这样的概念。他们或者自行随意搭配摆设，或者随便找一家设计公司进行设计，到最后往往都会发觉：店内装潢看起来总是不协调。

在着手设计餐饮店之前，必须先精准定位目标顾客群，再考虑选择什么样的视觉风格，否则设计工作就会事倍功半。

一般而言，餐饮店的 VI 设计包括风格设计、色彩搭配等方面。餐饮店的

VI 设计应与目标顾客群的审美倾向紧密联系，只有整个餐饮店的 VI 设计成为有效的表达渠道，餐饮品牌才能给顾客留下深刻印象。

### 3.5.4 餐具设计，让顾客爱上你的餐具

餐具是顾客在用餐时直接接触的东西，餐饮经营者在选择餐具时必须多加注意，让顾客能爱上你的餐具。图 3.5-2 所示为挑选餐具需注意的细节。

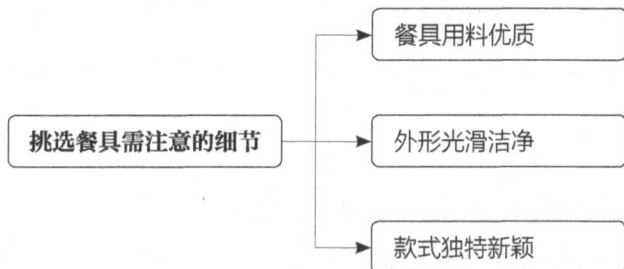

图3.5-2　挑选餐具需注意的细节

（1）餐具用料优质。选择餐具时，餐饮经营者应选择正规厂商生产的合格产品，最好是用料优质的餐具。用料不佳的餐具虽然便宜，但容易损坏，很可能引起顾客反感。

如何挑选优质餐具呢？可以通过摸厚度、感受重量来检查用料；也可以敲击餐具，声音清脆的餐具更好。如果是快餐店，最好挑选塑料或者不锈钢等耐用不易摔坏的餐具。

（2）外形光滑洁净。餐具外形应保持光滑洁净，这不仅是为了美观，同样也是为了方便清洗。如果餐饮经营者购买的是玻璃或者陶瓷餐具，要仔细检查表面是否有气泡或者裂缝。

（3）款式独特新颖。在保证质量、控制成本的前提下，为展现餐饮店的特色，可使用与餐饮店主题相关的餐具，如甜品店的樱花勺子、盆栽冰激凌的小铲子、小勺子都能和菜品完美地结合在一起，让人胃口大开。

精致的餐具能让顾客心情愉悦。漂亮的印花、鲜艳的釉色，都给顾客一种

新鲜感，既美观又实用。关注餐具细节，就是关注顾客需求的细节，这能让餐饮店变得更加贴近目标顾客群，得到他们更多的支持。

# 3.6 厨房设计，如何让餐饮店透明时尚

如今，顾客越来越重视食物的健康性、安全性，餐饮经营者理应在经营设计中满足顾客的这一需求。让餐饮操作过程更加透明，不仅能让顾客更放心，也更便于管理。

### 3.6.1 明档厨房，为餐饮店颜值加分

明档厨房最初源自日式料理店，即厨师在明档间进行烹饪操作，将菜品制作过程完全展现在顾客的眼前。明档厨房实际上代表了餐饮店的改革方向，不仅能凸显餐饮店对食品安全的重视，同时也能拉近后厨和顾客的距离，进而让品牌走进顾客心中。

有些餐饮经营者认为，后厨有油渍、有垃圾，又乱又杂，怎么能直接呈现在顾客眼前呢？其实，巧妙的明档厨房设计能够给餐饮店显著加分。

那么，餐饮店该如何打造明档厨房呢？

（1）判断餐饮店是否适合打造明档厨房。餐饮经营者首先应确定自己的店是否符合明档厨房条件。典型的明档厨房有 3 个特点，如图 3.6-1 所示。

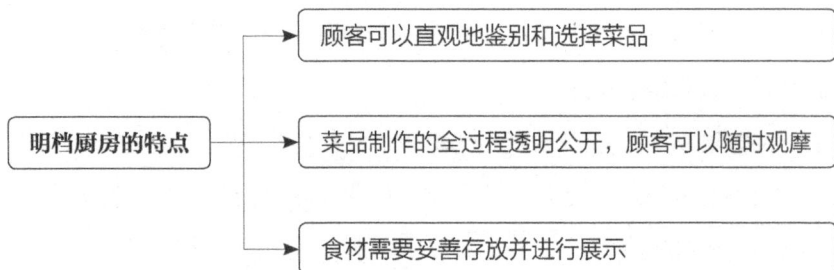

图3.6-1 明档厨房的特点

明档厨房的特点意味着餐饮店后厨需要具备较高的卫生水平、完善的制作流程。只有坚持干净卫生的制作标准，能经得起顾客考验的餐饮店，才适合打造明档厨房。

（2）有选择地设置明档。打造明档厨房的首要条件在于干净卫生，餐饮经营者可以有选择地设置明档，挑选易烹饪且美观的菜品（如凉菜）加以展示，这样做既能满足顾客的观赏需求，也能避免全面明档可能带来的问题。

（3）掌握摆放技巧。明档厨房与传统后厨相比，具有一定的展示性，因而可带来的利润也更高。在打造明档厨房时，要注意食材和菜品的展示，可以借助冰沙的铺垫、灯光的照射、新鲜蔬菜的摆盘衬托等方式，使食材看起来更加立体新鲜。

### 3.6.2 后厨设计，如何使后厨高效工作

新式明档厨房固然有优势，但传统后厨也不应该被忽略摒弃。后厨设计需要遵循便利、实用的原则，以缩减空间和成本，满足高效率的经营需求。

为此，我们需要注意以下几个细节。

（1）配备合适的灶具。餐饮大多需要明火烹饪，尤其是中餐，煎炒煮炸更是需要不同的锅灶。

在进行后厨设计时，必须配备相应的锅灶厨具，以免缺东少西；也要根据菜系合理安排灶具，以免配备过多，造成资源浪费。

（2）切忌隔区太多。后厨需按功能分隔区间，如配菜区、面点区等，适当的分隔能够提高后厨工作效率，避免相互打扰。但分隔区间太多会增加厨师传递菜品的距离，不便互相配合，会增加烹饪的难度，也容易造成安全隐患。

（3）重视防滑与排水。后厨需要洗菜切菜，炖汤炒菜，经常与水、油打交道，难免会不小心将水、油洒在地上、桌面上，造成地面湿滑。因此，后厨的地面一定要使用防滑材料，以免造成不必要的损失，影响工作效率。后厨的排水也应该引起重视，要方便排水、便于疏通，还应该根据需求安装隔油设施。

在后厨设计中，要尽量小心细致，考虑周全，不能因顾虑麻烦而导致不可挽回的损失，影响餐饮店的运营。

# 第 4 章

# 餐饮店营销推广：
## 推广是餐饮经营者的必修课

　　餐饮店要想生意好，必须有高效的营销措施。日常的活动，节日的庆典，看似不起眼的优惠，都能帮助餐饮店在顾客心中留下深刻的印象。好的营销活动能够提升品牌的知名度，吸引顾客，积累餐饮店口碑。因此，本章以餐饮店的活动营销，社群营销，微信营销，抖音、快手短视频与直播营销和平台营销为例，介绍餐饮店营销推广的方法。

# 4.1 餐饮店的活动营销如何做

餐饮店开业牵涉诸多问题，如开业前如何宣传，店铺如何装饰，优惠活动如何设置等，都是餐饮经营者应重视的问题。

### 4.1.1 餐饮店开业活动怎么一炮而红

餐饮店开业之前，餐饮经营者可以和员工共同预热，在周边或者网络社交平台上进行宣传。

**1. 准备工作**

餐饮店可以先试营业几天，检查店内的营运情况，确保开店时万无一失。试营业的目的在于展示菜品，宣传味道，听取顾客的建议，做好开业准备。需要注意的是，试营业无须开展促销活动，只须宣传正式开业时的优惠活动，为开业增添人气。

**2. 气氛营造**

开业当天，无论店内外，都应营造出热闹的气氛，保持热情周到的服务，给顾客留下深刻而美好的印象。

（1）装饰。店外可以使用气球拱门、条幅等进行宣传，也可以将优惠活动和招牌菜品信息展示出来。店内可悬挂小灯笼、彩带、拉花等喜庆的装饰品，营造积极热闹的氛围。

（2）服务。开业时客流量大，应准备充足的餐巾纸、餐具以及宣传单页等，便于顾客随时取用。员工应保持高度饱满的热情，并细致入微地引导顾客用餐、买单等。

（3）音乐。店内外应播放和餐饮店主题相契合的音乐，渲染氛围，给顾客留下深刻的印象。

### 3. 开业优惠活动

无论开展什么开业优惠活动，餐饮经营者务必先保证自己的利润。

例如，一份菜品卖 20 元，直接打 5 折，获得 10 元的收入，除去成本只能获得微薄的利润。但是，如果餐饮经营者设计满 10 元送 10 元的优惠券，给人的感觉依旧是 5 折，但优惠券只能下次消费，还需要 20 元的门槛。这不仅能让顾客感觉到优惠，还能吸引顾客二次消费。

## 4.1.2 开业火爆，很快冷清，怎么办

很多餐饮店在刚开业时都热闹火爆。这是因为餐饮经营者做了足够的宣传，满足了顾客的新鲜感，再加上大额优惠吸引了大量的顾客。

但是，也有不少餐饮店褪去开业的热潮没多久，就面临冷清的局面，甚至濒临倒闭。究其原因，还是因为开店的成本太高，利润增长跟不上。

在开一家餐饮店的成本中，比重最大的是房租，地段好的商铺房租都很高。其次是员工工资，无论服务员还是厨师，工资达不到一定标准，很少有人愿意长期留下来。同时，一家店的特色菜品也极易被复制，很难靠一两道菜保持长期优势。

面临上述困难，餐饮店怎样才能保持生意火爆呢？

（1）避免利用打折促销来吸引顾客。很多餐饮经营者一见客流少了，就立刻打折促销。实际上，打折虽然能起到立竿见影的效果，但却不能成为长期吸引顾客的手段。当打折成为常态，那么一旦不打折，顾客流失得会更快，打折获得的利润远远跟不上营运的成本，到最后只能人财两空。

（2）资金准备充足。无论开多大规模的餐饮店，餐饮经营者都需要准备充足的初始资金。

（3）不断创新菜品。餐饮店的菜品被竞争对手复制会导致一部分顾客流失。要想长久地保持生意火爆，不断创新菜品是最有效的方式之一。

### 4.1.3 节日活动如何打造

节假日是人们出行的最佳时间，也是餐饮业生意最火爆的时候。餐饮节日促销活动的常见形式有"买一送一"等，看似优惠力度很大，实际上因为太过普通，往往效果不佳。

促销活动的初衷在于吸引新顾客、回馈老顾客、推广新菜品等，吸引人的节日活动必须切合时宜，其活动内容应有准确的指向性。

（1）节日活动应具有主题创意。餐饮店推出节日活动，不仅要符合节日气氛，更要在原有传统内涵上进行创新。例如，中秋节和国庆节撞到一起时，就可以推出"赏月祝福祖国"的套餐，借此推出一系列优惠活动。

（2）节日活动应结合产品的卖点。如果餐厅有鸭类菜品，就可以在节日推出"团圆鸭""快乐鸭"等套餐，贴合顾客在节日的心情和需求。

（3）做好规划，合理安排活动时间和地点。传统节日的习俗各有不同，人们用餐的方式也有所不同。例如七夕节、元宵节夜晚人最多，重阳节、端午节人们都愿意到户外去，餐饮店可以根据自身特色，结合人们活动的时间和地点安排促销活动。

（4）定位目标人群。针对不同节日的顾客人群，可以安排不同的促销活动，例如儿童节的亲子套餐、情人节的情侣套餐、元宵节的猜灯谜、春节的团圆饭活动等。

设计节日活动需明确活动目标和活动主题。为此，餐饮经营者应询问自己：我希望吸引怎样的顾客？我应设置怎样的活动主题？明确了目标和主题，就可以将之与新颖的活动形式相结合，实现营销目标。

### 4.1.4 优惠活动怎样才能更吸引顾客

在经营过程中，餐饮店时常会开展优惠活动。有效的优惠活动能帮助餐饮店提高营业额，无效的优惠活动不仅无法吸引顾客，还很容易造成顾客流失，导致经营亏本。

正确掌握有效的优惠活动方式能带动餐厅人气，增强品牌知名度。

图 4.1-1 所示为餐饮店优惠活动技巧。

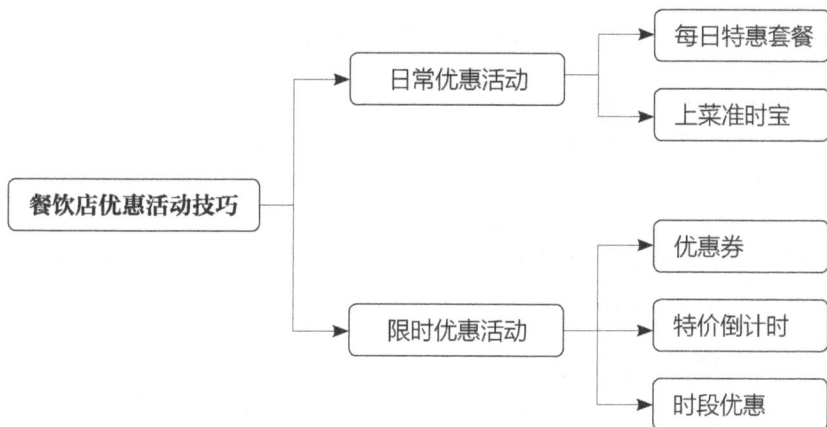

图4.1-1　餐饮店优惠活动技巧

（1）日常优惠活动。餐饮业竞争激烈，很多餐饮店既希望能吸引客流，又不能随便打折，只能绞尽脑汁去寻找开展优惠活动的理由，诸如店主生日、店主朋友生日、店主结婚等。其实，餐饮店与其到处寻找优惠的理由，不如将优惠活动融入日常经营中。

或许会有人问，如果每天开展优惠活动，那不亏本吗？只要方法用对，自然不会。

开展日常优惠活动是为了加深顾客印象，给顾客"餐饮店每天都实惠"的感觉。例如，很多餐饮店会推出每日特惠套餐来吸引顾客，但每日特惠套餐需要达到指定人数才能消费，因而顾客不会只点一份每日特惠套餐。这样，顾客的整体消费就能保证利润。

也有餐饮店推出"上菜准时宝"活动，即将沙漏放在桌上，如果在固定时间内没有上菜，就赠送顾客一道菜品。这种活动既能安抚顾客等餐时的焦躁情绪，还能表达出真诚的态度，同时也完成了优惠活动。

（2）限时优惠活动。餐饮店可以推出限时优惠活动。例如，利用优惠券的时限，促使顾客近期消费；或者推出特价倒计时，制造紧张气氛；也可以在不同时段设置不同优惠，错开高峰期，延长餐饮店利润高峰的时间。

### 4.1.5 创意活动如何引发病毒式的品牌传播

餐饮店可以通过创意活动，如亲子活动、情侣活动等社交色彩浓厚的活动，引发病毒式的品牌传播。

#### 1. 亲子活动

亲子活动，顾名思义，是家长和孩子共同协作的活动。餐饮店可以在寒暑假的工作日中午举办亲子活动。此时，普通的用餐客人较少，有较多的时间和空间。常见的餐厅亲子活动有以下两种。

（1）美食 DIY 活动。DIY 是孩子最喜欢的活动之一，能引起孩子的好奇心，也能让家长兴趣盎然。餐饮店可推出如 DIY 小蛋糕、DIY 冰激凌、DIY 比萨之类的活动，在举办亲子活动的同时，也能推销自己的新菜品。

（2）亲情活动。亲情活动既能迅速拉近亲子关系，也能帮助家长愉快地度过"带娃时光"，自然能吸引家长参与。餐饮店可以推出类似亲子节的活动，例如，当天只要穿亲子装进店就可以获得优惠和小礼品，顾客既能从中感受温情，又能收获实惠，自然乐于参加。

#### 2. 情侣活动

情侣出行大多会去餐饮店、电影院，而在七夕、"5·20"等节日，往往出行的也是情侣居多。餐饮店理应抓住机会，推出情侣活动。

图 4.1-2 所示为情侣活动推行技巧。

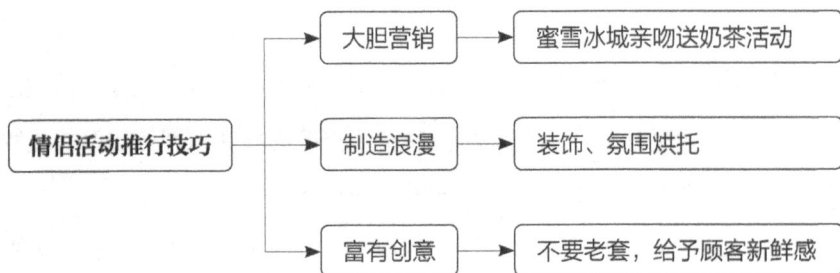

图4.1-2　情侣活动推行技巧

（1）大胆营销。推行情侣活动时千万不能中规中矩，否则无法抓住眼球。只要具备创意，不违背社会习俗和公众道德，即便大胆一些也无妨。如蜜雪冰城曾推出"情侣亲吻30秒送一杯奶茶"的活动，有着良好效果。

（2）制造浪漫。可以通过店内装饰和音乐营造气氛，也可以让员工"混进"顾客群体充当气氛组，为情侣活动制造浪漫气氛。

（3）富有创意。推行情侣活动，一定要有创意，不能掉入老套的模式中。例如，可以颁发情侣证等，给顾客带来新鲜的体验感。

此外，可以推出公益活动，通过营销来展现经营者的社会责任感，有利于塑造良好的品牌形象，最终提升品牌知名度。

### 4.1.6 店庆活动如何强力引流

餐饮店需要通过营销活动实现强力引流，扩大品牌知名度。除了节假日外，店庆也是重要的营销活动时机。

要想利用店庆活动引流，餐饮经营者可以从以下几个方面来策划。图4.1-3所示为餐饮店店庆活动策划。

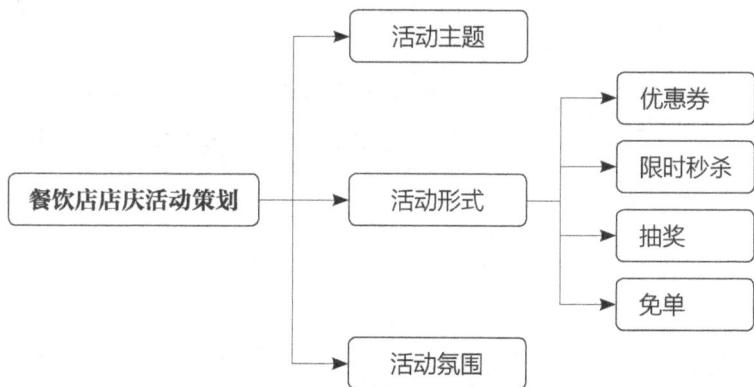

图4.1-3　餐饮店店庆活动策划

### 1. 活动主题

餐饮店根据不同周年的店庆，可以推出不同的活动主题，活动主题应贴合餐饮店的特色。在举办店庆活动时，餐饮店应用感恩回馈等主题代替直白的促销。

### 2. 活动形式

店庆活动可以使用以下几种形式。

（1）优惠券。店庆前准备大额优惠券进行引流。例如，促销价值180元的商品，优惠券则可以设置成满300元减40元，或者满200元减30元等。

（2）限时秒杀。餐饮店可在店庆当天推出限时秒杀活动，即在一定时间内推出几道菜品进行特价秒杀。经营者应注意，除促销的菜品外，要有一两道热门菜品吸引顾客。

（3）抽奖。店庆活动当天，顾客可凭小票在餐饮店内进行抽奖，采用转盘、盲盒等多种形式，将优惠券、新品尝鲜券等作为奖品。在设置奖项时，经营者应注意设置最低消费门槛，保证利润不流失。

（4）免单。店庆当天可以推出免单活动，可以以抽奖、秒杀等活动实现，也可以使顾客达到一定金额，赢取下次免单的机会。免单活动在店庆时可以设置两次，第一次设置在店庆当天，第二次设置在店庆活动的最后一天。

### 3. 活动氛围

策划店庆活动时，必须重视活动氛围的营造，可以提前打印宣传单和条幅进行预热。店庆当天餐饮店的装饰应喜庆活泼，以音乐衬托氛围，店员服务应热情周到，保证活动有始有终。

# 4.2 餐饮店的社群营销如何做

随着互联网经济的发展，餐饮店如果不进行线上营销，就很难做到大批量引流。如何构建社群并借之营销，成为餐饮店当下最迫切的问题之一。

### 4.2.1 如何构建餐饮店社群

移动互联网营销，更多的是借助微信、微博等社交平台进行的。餐饮店可以利用互联网社交的社群效应，打造多样化营销。

经营者应如何构建餐饮店的线上社群呢？

（1）理解社群营销。社群营销是指经营者借助移动互联网社交平台，将目标顾客聚集在一起，并加以统一服务的营销方式。社群营销最基本的方式就是建立微信群，委派管理员进行推广营销，最终完成引流。

小到米粉店，大到西餐厅，经营者都可以积极构建社群，并在群里发布促销活动和产品营销信息，提供相应服务。这样的社群能承接并体现餐饮店的文化氛围，面向目标顾客完成精准引流。

（2）打造多元化营销载体。除了微信群外，餐饮店经营者还应考虑更多社群，例如微博群组、QQ群、贴吧、社区等。只要是能有效形成交流氛围，提供推广空间，能将目标顾客聚集到一起的载体，都可称之为社群。总之，社群载体是多元化的，可以单独使用，也可以组合使用。

（3）构建精准流量池。通过社群，餐饮店可以进一步构建精准顾客流量池。即有效集聚目标顾客，不时利用活动和优惠吸引顾客，进行针对性营销。在管理流量池时，可通过标签和画像对顾客群进行分类，开展不同的活动，从而有效保持目标顾客的活性，达成高效推广的目的。

### 4.2.2 如何利用社群搞促销活动

在构建餐饮店社群之后，该如何利用社群进行促销呢？在微信社群中，红包引流是常用的促销手法。

微信红包作为社交工具的一种，为人们带来了很大的便利。但在社群中，如果经营者一味地发红包，会让目标顾客沉浸于抢红包的乐趣，却没有购买欲望。经营者采用下面的方法可以使红包与引流促销有效结合。

（1）新人红包。当经营者添加新顾客，并将其拉入微信群后，可以发个欢迎红包调节气氛。这个红包不一定是现金红包，可以采用优惠券的形式，吸引新顾客消费。这样一来，不仅让新顾客留下了深刻的印象，也在无形之中向老顾客做了一波宣传。

（2）抢红包代替抽奖。抢微信红包在某种程度上可以代替抽奖环节，例如可以设置手气最佳的人得到小礼品或免单机会；也可以反其道而行之，让手气最差的人领奖。这种新颖的抽奖活动能调动社群成员的积极性，也能起到营销效果。

（3）培养"代理"。社群促销活动，重要的不是要发多少奖品，而是需要拉动更多人参与。参与的人越多，餐饮店获客的机会越多，营业额也就很可能随之升高。经营者可以运用"代理"策略，即由老顾客拉动新顾客加群的方式，扩大社群影响力，增加社群成员。当然，在邀请老顾客担任代理时，也应向其许诺利益。

### 4.2.3 社群中的日常推广怎样做更有效

社群的日常推广中，组织活动和发放优惠，都是为了留住顾客。要想更好地留住顾客，社群就需要带给顾客归属感。合理的日常推广能有效拉近餐饮店和顾客的距离，使顾客感受到春风般的温暖，但如果胡乱推广，则很容易让顾客产生戒备而不再信任店家。

餐饮经营者进行社群推广时，要注意采用"曲线营销"的方式，委婉地达到营销的目的。

（1）植入软广。过去，电视剧中常生硬地插入广告，这不仅让观众觉得别扭，还让他们失去了看电视剧的兴趣。但今天，广告已全面融入电视剧的剧情中，反而让人觉得有趣。社群推广确实需要打广告，但要想巧妙地植入广告则需要花心思了。

餐饮经营者可以利用故事来营销宣传，即通过不同的互动事件引入广告。故事本身是什么不重要，重要的是能不能让顾客产生情绪波动。例如，餐饮经营者和大家分享后厨的"忙乱"，或者发布搞笑的螃蟹、小龙虾视频，顾客发出了哈哈大笑时，就说明他对餐饮店有了更深刻的印象，推广就成功了一半。

利用社群推广餐饮店应该做到润物细无声，久而久之，顾客就会对餐饮店产生信任和归属感。

（2）打造社群活动。除了植入软广，经营者也可以利用社群活动来进行推广。例如，餐饮店推出新品打折优惠时，还可以在社群中升级活动，即将活动升级为"买一赠一"，将其作为社群专属优惠。

凡是到店消费的顾客，想享受优惠，就需要加入社群。这样社群的顾客也会有被特殊对待的喜悦感，更乐意到店消费。

### 4.2.4 社群如何转化并留住顾客

今天，社群营销已相当普遍，顾客每到一个店铺，都可能会被拉进一个新群。社群越来越多，意味着消息越来越杂。最终，大多数社群都免不了被屏蔽的结果。

社群营销的关键问题随之出现。社群营销的最终目的是留住顾客，让他们有足够的动力去参加社群活动，关注社群消息。这需要顾客对社群有归属感，而顾客只有真正感受到亲切和温暖，才会对餐饮店社群保持足够的关注。社群应营造出温馨的文化氛围，让每个顾客能在其中找到自己需要的部分。为此，餐饮经营者可以采取以下措施。

（1）定期暖场。为让社群保持活跃，餐饮经营者需要付出很大的精力。刚建立社群的时候，群里通常会相当热闹，但过几天就开始趋于平淡。为防止这种情况出现，餐饮经营者需要不断组织暖场活动，定期制造气氛。例如在群里发布养生指南、问候早安、分享美食、发布菜谱等。餐饮经营者在与顾客联络时，需要保持风趣幽默的态度，让顾客感到轻松自然。

（2）适时举办活动。餐饮经营者除了要组织暖场活动以外，也要举办日常活动，以吸引群内成员的注意。例如，新品尝鲜发布活动、店内优惠指南等，都是高价值的群内日常活动。群内日常活动应具有针对性，能针对目标顾客群的需求，在合适的时机举办合适的活动，比如推出针对老年人的免费午餐，针对情侣的情侣套餐等。只有抓住顾客的需求，才能吸引顾客的关注，留住顾客。

# 4.3 餐饮店的微信营销如何做

大多数餐饮经营者经营的只是普通的餐饮店，面向的多是附近的顾客，为此，餐饮经营者可以借助微信进行朋友圈营销。

普通餐饮店可以利用个人微信号引流；如果是较大型的企业，可以利用企业微信号进行宣传，也可以使用小程序引流。这些方法都能让餐饮店拥有可观的曝光度，吸引更多顾客，带来更多粉丝。

### 4.3.1 朋友圈营销的方法

朋友圈营销也是需要技巧的，如果没有策略地发朋友圈，很容易被屏蔽。应该如何进行朋友圈营销呢？

**1. 线下引流**

对于线上宣传而言，线下引流很重要，这是进行朋友圈营销的第一步。餐饮经营者可以在店内张贴海报或在顾客买单时提醒，引导顾客添加店铺微信。

餐饮店店员可以告知顾客，添加微信可以打折，后续的优惠活动也会在微信上发布，微信好友会有专属优惠等信息。

**2. 营销方法**

朋友圈营销的目的在于推广产品。通过朋友圈，餐饮经营者可以发布九宫格图片，让顾客更直观地欣赏菜品，又不至于厌烦。

餐饮经营者在朋友圈既可以直接发菜品图片，也可以宣传餐饮店文化和服务，甚至可以展示店内环境，吸引顾客光临。其主要的发布方式有如下几种。

（1）产品。朋友圈营销是为了让顾客感受到菜品的吸引力，主要展现菜品的外形或内涵。例如，可以分享菜品故事，如东坡肉背后的故事等；也可以分享菜品的功能性优势，比如烤梨能润喉止咳、美容养颜等。

（2）定期发布福利和活动。优惠福利和活动信息能有效吸引顾客，但千万不要频繁地发朋友圈，否则容易让顾客产生倦怠感，从而不再关注门店的朋友圈。

（3）注意互动。如果在社群内组织了点赞抽奖小活动，就一定要通过朋友圈公布结果，由此增加和顾客的互动，也能让其他顾客感受到餐饮店的诚信，从而增强对餐饮店的信任感。

最后，餐饮经营者发布朋友圈时应注意时间安排，早上 8:00、中午 12:30、晚上 7:00 等，都是顾客活跃的时间段。这些时间发布的朋友圈更容易被顾客点击观看。

### 4.3.2 微信个人号的引流策略

微信个人号能为餐饮店带来充分的顾客数量，并实现成功的引流和转化。

**1. 微信个人号的价值**

微信个人号的价值如下。

（1）加快建立品牌的过程。大中型餐饮企业致力于建立自己的品牌，而小型的餐饮店也应建立自己的品牌。无论企业还是个人，建立品牌都需要时间，而微信个人号通过引流可以加快建立品牌的过程。

（2）促进产品销售。微信个人号拥有一定的粉丝基础，可以更高效地促进产品销售。当好友认可你的个人微信形象后，他们可能会更为接受你的线下门店，并愿意购买产品。

（3）维护顾客关系。微信个人号方便维系与个体顾客的关系，也能精准面对单独客源。

想要运营好微信个人号，就要了解微信个人号的价值，有始有终、坚持下去，使餐饮店蓬勃发展。

### 2. 微信个人号的引流方法

微信个人号主要有以下几种引流方式。

（1）为公众平台引流，反哺微信个人号。餐饮经营者可以利用微信个人号推荐自己或门店的公众号，完成相互引流。

（2）软文推广。软文作为当下时兴的新媒体广告形式，深受各个年龄段的人的喜爱。因此，借助软文推广微信个人号也是不错的选择。

（3）通过社群添加好友。该方法的优点在于社群由目标顾客构建，经营者能快速精准地添加顾客；缺点在于社群顾客有限，无法有效地发展新的顾客。

微信个人号无论采用何种方式引流，在对方通过好友之后应马上进行下一步的引导和推广，以送优惠或发福利的方式，让顾客关注公众号或者进群。

## 4.3.3 微信公众号的引流策略

经营餐饮店非常依赖顾客流量，顾客越多，利润也就越大。因此，"涨粉引流"也成为餐饮经营者非常重视的问题。

微信公众号应如何通过"涨粉"引流呢？餐饮店可以从以下几个方面入手。

### 1. 打造有吸引力的内容

运营公众号不能没有精彩的内容。有吸引力的文字和图片可以大范围地传播，增加品牌的知名度，吸引更多新顾客关注公众号。

餐饮类公众号的推文内容应围绕美食、健康、生活展开，主要包括如下方面。

（1）干货类。这类公众号以教授美食做法、厨房小技巧等为主，通过大量干货知识，为顾客解决现实生活中的问题，发展目标顾客，吸引顾客关注。

（2）情感故事类。这类公众号的推文内容主要围绕美食所联系的情感展开，其形式可能是美食背后的小故事，也可能是餐饮店里发生的新鲜事，要么引人深思，要么逗人一笑。

### 2. 互相推荐引流

很多情况下，靠单独的公众号的传播信息，不容易收到明显的引流效果。为此，餐饮店可以通过互相推荐来引流。

餐饮店可以与不同行业但与餐饮店有联系的公众号合作，在推文中互相推荐。这样由于面向的顾客群既有相似又有区别，往往"涨粉"很快。当然，在决定互相推荐引流前，一定要查看对方的粉丝数和粉丝活跃度，确保双方都能有所收获。

### 3. 裂变引流

裂变引流需要餐饮店制作专门的海报发布到朋友圈和公众号，通过顾客的分享，利用其社交关系的裂变以达到更好的引流效果。

裂变引流往往是最快速简单、方便有效的办法，餐饮店可以推出类似"关注公众号并分享海报到朋友圈 3 天，即可获得菜品赠送"的福利活动，诱导顾客变相推广公众号，并借此吸引更多精准顾客。

## 4.3.4 微信小程序的引流策略

从 2019 年年底开始，餐饮市场发生巨大变化，这也意味着餐饮店需要进行主动变革，运用更多的引流策略，才能继续生存发展。

今天，微信是我国市场上流量最大的个人社交通信软件之一。但广袤的微信流量也分为两种：一种是私域流量，即个人号流量和公众号流量，大多需要经营者自行添加顾客，引导关注，才能获得；另一种是公域流量，即任何人都能看到的推广消息，没有限制，比如微信小程序。

微信小程序的引流方法主要如下。

（1）线下引流。餐饮经营者可以将印有微信小程序的海报贴到最显眼的位置，让顾客一眼就能看到，增加小程序的曝光度。

（2）点餐引流。当顾客到店内点餐时，服务员应主动引导他们使用微信小程序点餐。但如果使用微信小程序点餐和普通点餐并没有什么区别，反而增加了点餐的烦琐程度，也就难以吸引顾客。因此，为了引导顾客使用微信小程序，餐饮店可以推出一些优惠活动，比如用微信小程序点餐更划算、将微信小程序发送到桌面可以打折等。

（3）微信小程序促销。顾客一旦使用过微信小程序，就会被动订阅微信小程序消息。餐饮经营者可以利用微信小程序开展促销活动，推出特价套餐为餐厅引流。相比在美团等平台上推出的活动，餐饮经营者利用微信小程序发布同样的活动，采用同样的价格，可以获得更高的利润。

任何引流方式都需要循序渐进，想取得立竿见影的效果不太可能。餐饮经营者必须首先把握好自己的节奏，在做好线下经营的基础上，通过微信小程序引流。

### 4.3.5 微信企业号的引流策略

微信企业号相较个人公众号拥有的粉丝基数更大，能选择的引流方式也更多。

（1）根据餐饮店现有的宣传渠道引流。餐饮店一般有固定的宣传渠道，比如电商平台、官方网站等，餐饮经营者首先应搞清楚餐饮店现有的宣传渠道有哪些，能够利用的渠道有哪些，再将之用于为微信企业号引流。

例如，某餐饮店的传统宣传渠道有线下的宣传册、产品包装，线上的视频号、官方网站等，在进行微信企业号引流时，即可将企业号的二维码置于其中。

此外，餐饮经营者也可以通过展会、招聘等形式进行微信企业号的宣传和推广。

（2）多渠道内容分发。微信企业号能为餐饮企业构建最好的私域流量，其中粉丝忠诚度高，购买力强，具有很高的价值。同时，微信的私域流量通过裂变能获得更多流量。经过实践的验证，这一模式目前已十分成熟。

对于微信企业号来说，最重要的价值不仅在于添加好友实现引流，还在于让顾客对微信企业号产生兴趣，能够持续关注微信企业号，了解企业文化。因此，微信企业号可以通过互动的方式多渠道发布内容，提高顾客的忠诚度。

由于微信企业号能集聚的流量有限，餐饮店要获得大量的引流，还可以通过多渠道进行，比如投稿到其他公众号，与其他公众号互相推广和分享，或者直接将引流内容推到公域流量中。

# 4.4 抖音、快手短视频与直播营销

今天，抖音、快手几乎成了人们手机中必备的APP，从短视频到直播，它们不仅丰富了人们的生活，也让餐饮店拥有了新的营销工具。

## 4.4.1 餐饮店如何做好直播前的准备

直播成为当下最热门的引流方式之一，餐饮店可以通过直播进行宣传。

由于客观限制，很多餐饮经营者不了解直播行业，不清楚如何着手直播。实际上，在做直播前，做好准备工作是非常重要的。从如何搭建直播间、如何营造气氛，到如何安排直播内容、人员，都是餐饮经营者需要考虑的问题，其中最需要注意以下几点。

（1）不能抱着试试看的想法。直播的时间、风格，都是餐饮店营销的重要组成部分，只有当粉丝习惯观看直播了，他们才会更容易接受其中的内容营销。如果餐饮店在做直播的时候今天试试这种风格，明天试试那种风格，就很难拥有固定的粉丝群。

（2）要做好调研。餐饮店在做直播前，应先观看同行的直播，也可以学习成功的直播，以总结直播的正确方式与技巧，了解受众的喜好。在调研学习中，找到适合自身并能模仿的直播模式，吸收其优点，同时注意规避其出现的问题。

（3）熟悉平台规则。餐饮店要注意不同平台的规则不同，正如抖音和快手都有着不同的规定。在决定直播前，餐饮店要先了解所在平台的规则。

（4）树立人设。餐饮店的直播应更贴近顾客群，为此，餐饮店应根据目标顾客群的需求来确立主播人设，可以是活泼可爱的"某某君"，也可以是高冷专业的"高级名厨"。但无论哪种人设，主播都需要表现出其专业性，能对餐饮业的相关知识娓娓道来，由此获得特色优势，从而吸引顾客。

（5）场景布置。直播间的环境要整洁，物品摆放要美观舒适，不能凌乱琐碎。直播时，网络应顺畅，避免抢优惠券的时候卡顿，造成顾客体验不佳。

（6）合理安排直播时间。餐饮店直播应有时间规划，符合店内营业节奏。例如，餐饮店可以先在上午或者深夜尝试直播，在不影响营业的情况下试试人气，并逐渐以发红包或者优惠券的方式引流。

直播是循序渐进的过程，切不可操之过急，想着一步到位。

## 4.4.2 餐饮店利用抖音、快手短视频进行营销的方法

在快餐文化时代，抖音、快手成为近几年相当火爆的 APP，很多用户每天都会在这些平台上耗费大量时间。餐饮店通过短视频营销，也能获取流量。

目前，美食短视频的内容以探店、做菜等为主，夹杂着部分吃播。餐饮店如何利用这样的形式，借助抖音、快手进行短视频营销呢？

（1）明确账号定位。餐饮店应有明确的主题，短视频同样也需要明确的定位。在开发短视频账号之前，经营者应明确其定位，可以是美食探店，也可以是制作养生餐。只要餐饮店能保持短视频的风格和质量，就能锁定目标顾客群，进而获取消费流量。

（2）确定"人设"和内容。确定主题后，应着手对账号的"人设"进行规划和表达。短视频的"人设"需要贴合餐饮店的特色，比如中式餐饮店的账号人设可以知性温和，特色餐饮店的账号人设可以幽默逗趣等。内容方面，以产品和服务为主，围绕本店特点做出短视频素材的取舍，以宣传餐厅特色、展示菜品和服务为主。

（3）短而精。如果短视频没有吸引人的点，就难以让人静下心来看完。为了起到宣传作用，短视频必须精炼、迅速地传达信息。

为此，短视频应具备一个好看的封面，最好是菜品图片搭配餐饮店的店

名，能让受众一眼看到所有信息。即便受众无法在短期内产生深刻印象，在多次刷到短视频之后也会对餐饮店有所了解，有利于品牌宣传。

餐饮店利用抖音、快手进行营销，必须录制优质的短视频，以塑造出优质的口碑。

### 4.4.3 餐饮店利用直播进行营销的方法

直播这一特殊的营销形式，能对餐饮店中真实发生的事情忠实地记录并加以展示，给予观众身临其境的感受。

表4.4-1所示为餐饮店的直播形式。

表4.4-1 餐饮店的直播形式

| 直播形式 | 营销方式 |
| --- | --- |
| 美食制作直播 | 通过美食制作和做法说明，让顾客了解菜品的内涵，产生兴趣 |
| 美食探店直播 | "网红"自带流量，进入店内品尝美食，学习制作，产生流量 |

上述两种直播形式是不同类型的餐饮店都可以尝试的直播形式。其中，美食制作在传承餐饮文化的同时，还带给顾客以美的享受；"网红探店"则能代替顾客去"跑路"和"探险"，满足他们的好奇心，引发他们的消费欲。这两种直播形式如果做得好，都能给餐饮店带来流量，吸引顾客光临。

需要注意的是，直播形式存在一定的特殊性，其现场运营人员需要具备相应的能力。例如，主播不仅需要口才好，还要具备随机应变的控场能力，能时刻吸引观众的注意力。

此外，直播一旦产生失误，就很难挽回。因此，在直播前，经营者要提前根据内容特点，准备台本，做好不同环节的互动设计，这样才能使直播效果最佳，从而获得流量。

### 4.4.4 餐饮店矩阵号怎么做

矩阵号即一个餐饮店建立多个独立的视频平台账号，以大号带小号，互相关注并推荐粉丝，以达到共同快速"涨粉"的目的。多个账号组成矩阵，有利于吸引更多的粉丝，扩大餐饮店的品牌影响力。

餐饮店搭建视频矩阵号，可以从不同方位展现餐饮店的菜品和环境，也可以让每个员工都对应管理一个或多个账号，从而更好地参与到餐饮店的营销中去，减少餐饮店的对应营销成本。

餐饮店的矩阵号如何搭建呢？

（1）准确定位。矩阵号由多个独立账号构成，属于不同的个体，又相互衔接，因此每个账号都要有细分的风格和定位才能覆盖不同的粉丝。

（2）互动。矩阵号可以通过视频分享、主播相互客串、口播推荐、互相点赞、互相在评论区留言发起挑战等方式相互引流。

（3）规定标准。账号本身的视频制作应注意采用同一种风格，不要轻易变更，包括台词、道具等细节。同一账号最好在固定时间发布视频，使顾客形成浏览习惯。

一般情况下，餐饮店的矩阵号可以分为企业号、管理号、厨师号、服务员号、顾客号等类型。不同的账号可以从不同的视角去展现餐饮店内不同环节的特点。从整体来看，矩阵号必须以企业号为核心，由主账号引流顾客。子账号围绕主账号通过各种方式加以紧密联系，而不能只是简单地互动。

在做好主账号内容的同时，各个账号也可以进行直播，展示餐饮店的特色和氛围，吸引顾客。这一过程可以交替互换，逐步丰富矩阵号的整体内容。

### 4.4.5 餐饮店同城号的运营策略

普通餐饮店的资本、规模和运营管理能力，决定了其面向的顾客大多都是同城的，甚至是周围社区的。餐饮店的营销宣传，更多的是为了吸引同城顾客，因此同城号的运营打造就显得十分重要。

同城号是围绕同城内的某个领域而产生的账号，通过短视频进行宣传营销，为商家引流。餐饮店同城号引发关注的直接方法是举办厨艺挑战赛、吃货挑战赛等，这类活动具有话题性和竞争性，顾客的参赛热情往往很高。这样做既能提升账号热度，也能引发连锁传播效应。

餐饮店要想做大同城号，主要有以下几种方法。

（1）利用特色菜。无论是举办厨艺挑战赛还是吃货挑战赛，餐饮店都应注意必须选择自己的特色菜。这些特色菜必须能在最短时间内吸引观众眼球，也能引发其好奇心。

（2）模仿。餐饮店如果不清楚同城号该如何做大，不妨在网络上挑选一个适合自己学习的成功的同城号进行模仿，久而久之，也能发展出自己的风格。

（3）位置。在同城号的营销宣传中，必须让顾客清楚门店的位置。因此，必须以视频画面、口播或文案等方式，明确展示餐饮店的位置，从而为餐饮店吸引更多顾客。

（4）宣传词。餐饮店可以在视频的开头或者末尾加一句固定的广告词，形成自己独特的风格，加深观众印象。

# 4.5 平台营销

今天，移动互联网上已成长起各类电商营销平台，餐饮店应充分利用不同平台的优势，展示自身特色和产品，吸引顾客前来消费。

## 4.5.1 地图软件营销如何做

即便来到陌生的城市，拥有智能手机的人们也很少会迷路，这证明了地图软件的作用，其中百度地图、腾讯地图、高德地图等手机软件，都是现代人生活中非常重要的帮手。甚至在消费场景中，人们对地图也有着很大的需求。

今天的地图软件的功能早已不局限于地理功能的呈现。例如，当用户搜索某个地铁站口时，附近的商家如酒店、便利店、餐厅、银行，甚至只是普通的快餐店，都会显示出来。而当用户在地图软件上搜索某家餐饮店时，地图软件不仅仅会标注该餐饮店的位置，安排导航的路线，甚至还会展示该餐饮店的特色菜、电话和评价等信息，大大方便了人们的生活。

无疑，地图软件已经成为餐饮店宣传的绝佳平台。餐饮店如何利用这些地图软件进行营销呢？以百度地图为例，餐饮店可以按照如下方法进行营销。

（1）登录百度账号，打开百度地图页面，在其左下角找到商家免费标注的功能，点击后按照流程提供相应的资料，就可以进行商家标注了。

（2）如果餐饮店已经被人标注，那么餐饮经营者可以凭借营业执照等选择认领，同样能标注餐饮店的位置、编辑门店信息。

（3）申请提交后，需要地图软件的后台管理人员进行审核，审核完成后，就可以在个人界面的商户中心添加优惠券和公告了。

## 4.5.2 团购平台营销的方法

餐饮店想得到长远的发展，有效的管理模式和经营模式必不可少。管理模式主要体现在规章制度上，而经营模式则体现在产品和营销策略上。餐饮店在经营层面的能力将决定其在团购平台进行营销的结果。

团购具有双赢的特性，对商家而言，团购能使其以较低的成本获得更大的客流量和更充足的利润；对顾客而言，团购则能为其带来更高的性价比。因此，团购非常值得餐饮经营者研究和使用。

### 1. 了解顾客团购的动机

团购发展到今天，已然成为一种新的餐饮趋势。

由于美团等团购平台的团购券"过期可退"，顾客敢于放心购买。餐饮经营者应利用这样的心理，将团购和其他营销活动结合，如购买团购券可立享打折等优惠策略，吸引更多顾客加入团购，增加客流量和营业额。

### 2. 团购营销的方法

团购营销最重要的吸引力在于价格。餐饮经营者应多在价格上下功夫，在保证利润的同时，尽可能地吸引更多的顾客。

（1）设置团购券的使用时段。餐饮经营者可以按照团购菜品的利润，合理设置团购券的使用时段。如果团购菜品的利润低，就限制顾客只能在客流量小的时候使用团购券；如果团购菜品的利润合理，就可以允许顾客在客流量大的时候使用团购券。

（2）核算菜品利润。一定要仔细核算团购菜品的利润，避免亏本。

（3）诚信经营。即使菜品的价格很低，在制作菜品时，也千万不能偷工减料或使用劣质的原料。这样不仅容易导致食品安全事故，还会造成顾客流失。

（4）添加好友。餐饮经营者可以将多次团购的顾客添加为微信好友，聚合忠实顾客群体。

### 4.5.3 点评网站营销的方法

点评网站为顾客提供了有效鉴别餐饮店的渠道。顾客在用完餐后，能对餐饮店的菜品和服务态度进行点评，而这也会直接影响餐饮店的引流效果。为此，不少餐饮经营者会在开业初期去点评网站"刷"好评，但这只能带来一时的利益，而无法长期维系客源。

餐饮店可以使用以下方法正确利用点评网站进行营销。

（1）线上、线下相互配合。餐饮店在点评平台进行线上宣传时，应放置有吸引力的图片，并清楚地列出优惠活动的规则；同时，餐饮店在线下应为顾客提供细致的服务和美味的菜品。

（2）自主报名点评网站活动。大众点评等网站会根据不同的节日、季节，为用户推送不同的商家和优惠活动。餐饮店应利用活动机会，积极参与宣传推广。

在参加活动前，餐饮店应根据自身的情况加以考察判断，如是否能接纳大的客流量，菜品是否具有节日特色和季节性，以选择合适的活动参加，进而增加曝光率。

（3）利用评论宣传餐饮店活动。餐饮店可以通过回复评论，进一步宣传门店活动，展示优惠券，利用评论引发的信任效应，吸引顾客。

餐饮店如果想提升自身在点评网站的星级，就要多参与引流活动，多获得顾客好评。此外，不能靠自己的账号去"刷"好评，而应该在顾客用餐后，引导顾客做出好评，并赠送小礼品，这样做不仅能获取好评，还能拉近与顾客之间的距离。

# 4.6 文化营销，给餐饮店注入文化元素

餐饮店营销除了上述的方式，也要重视餐饮文化的注入。随着社会经济的发展，吃饱吃好已经是餐饮的标配，好玩、有文化元素才是餐饮店差异化的竞争力。

## 4.6.1 游戏营销，增加顾客的互动频率

游戏能够极大地激发用户的参与热情，在餐饮营销中，我们该如何借助游戏的力量呢？

### 1. 设计社群小游戏

当营销逐步走向社交平台，我们也可以依靠各大社群平台自带的功能，设计一些社群小游戏。这样的小游戏成本极低，却能产生不错的效果，让顾客积极参与。

比如将红包改造为红包接龙、抽奖等游戏，或以"掷骰子"为基础的真心话大冒险，或"谁是卧底"小游戏等。

这些简单的小游戏既方便顾客参与，也能够节约运营成本，是社群专属小游戏的合适模板。

### 2. 组织游戏活动

分析精准顾客的属性，他们可能也有共同的游戏爱好。例如四川火锅店的顾客可能都喜欢打麻将，休闲餐厅的年轻顾客则热衷于王者荣耀或桌游。

此时，我们可以以餐厅名义组织游戏活动，如"××杯麻将大赛"。此外，为了进一步提升游戏的活动效果，还可以定制印有品牌 LOGO 的文化衫，或带有产品图案的纸牌等。

### 3. 开发或投资 H5 游戏（小程序）

简单来说，H5 就是移动端的 Web 页面。而 H5 游戏可以看作是移动端的 Web 游戏，用户无需下载客户端就可以参与体验，这就是 H5 在传播上的优势。事实上，微信小程序就是一种 H5 产品。

开发 H5 游戏看似很高端，但它的开发门槛其实很低。在移动互联网迅猛发展的今天，委托专业公司代为开发也无需太高成本。

如果担心自己开发的 H5 游戏可玩性不高，你也可以选择投资别人的 H5 游戏。通过冠名、广告植入等手段，让顾客爱上你的餐饮店游戏。

### 4.6.2 热点关联，借势营销

在文化营销时，无论采用哪种具体营销方式，都要遵循一个原则，那就是将之与热点关联。

文化营销是最能够营造餐饮店品牌价值的营销方式。而要通过营销为餐饮店赋予更大的价值，那就离不开借势热点之后更为广泛的传播。

那么，餐饮店要如何实现与热点关联呢？

### 1. 紧跟时事热点

尽可能地紧跟时事热点，从而展现时效性。与此同时，也能够让你的营销信息借势传播。在信息大爆炸的今天，时事热点并不难找，难点却在于如何选择。

你可以选择被大众普遍关注的时事热点，如"××挑战"等很多人关注的热点。为了借势，你既可以对事实热点进行评论解说，也可以只是将之作为关键词或者干脆对此进行再创作。

### 2. 深挖专业内容

如果热点本身能够与餐饮店强相关，那在热点关联的同时还要做好深挖工作，使其成为众多关联信息中最突出的一个。

比如阿尔法狗（AlphaGo）击败围棋选手李世石，这只是一个颇具科幻意味的热点新闻，每个人都在畅想关于人工智能的未来。而在此时，很多餐饮店就引入了"机器人服务员""机器人问询机"等设备，顺势营销，试图让人们来自己店里体验人工智能的科技感。

# 4.7 会员营销，成为顾客的好朋友

人格化魅力如此突出的今天，如何成为顾客的朋友，并让他们惦记着经常来坐一坐，这是很多小众餐厅的营销策略。这种吸引顾客成为会员，餐饮成为顾客陪伴者的营销模式，未来会有很大发展空间。

## 4.7.1 会员优惠，如何巧妙设置会员福利

会员制度是很多餐饮店留住顾客的重要手段，但时至今日，餐饮会员的存在感却越来越低。尤其是随着团购网站、移动支付的普及，顾客直接通过大众点评或支付宝买单就能享受到折扣优惠，为何还要注册会员？

因此，餐饮店留住顾客的方法，也就只剩下味道、服务与环境等硬指标。尤其是传统的储值会员卡的减少，也让餐饮店失去了沉淀资金的机会。

为了摆脱这种困局，餐饮店就要结合新时代的特征，重新思考会员优惠，巧妙设置会员福利。会员福利的设置主要有以下几种策略。

### 1. 支付即会员

针对移动支付越发普及的现状，餐饮店可以与移动支付平台合作，推出"支付即会员"的活动。比如入驻支付宝口碑或关联微信公众号，顾客一旦完成支付，就会在支付宝或微信中成为餐饮店的会员。

**2. 关注即送券**

微信公众号已经成为社群营销的主流平台，仅仅只是微信支付并不能让顾客关注微信公众号。此时，你要进行适当的引导，比如推出微信电子会员，顾客只需关注商家的微信公众号即可获赠优惠券；如果进一步注册微信电子会员，则能再次获赠优惠券。

**3. 优惠本次可用**

在传统的会员福利设置中，无论是代金券还是折扣券，都需要下次消费时才可使用。这样的措施是为了吸引顾客二次消费。但在如今，此类优惠却已经难以打动顾客。顾客宁愿放弃优惠，也不愿留下个人信息、注册会员。

为此，餐饮店可以推出"优惠本次可用"的活动。顾客完全可以在等餐期间，通过微信或支付宝注册电子会员获得多张优惠券，其中一张"本次可用"，这样的设置也能最大限度地吸引顾客注册会员。

## 4.7.2 会员激活，如何增加会员就餐频率

"卡包"可以说是这个时代的产物。在各大商家纷纷推出会员卡时，很多顾客都会拿到无数张会员卡并将其放入一个厚厚的"卡包"中，但真正使用的会员卡却很少。

对餐饮店而言，这就是会员激活的难题。即使会员卡已经电子化，能够被放置在微信或支付宝中，但如果顾客注册了会员，却不再消费或很少消费，这也是会员营销的失败。

在思考如何激活会员时，餐饮店同样要紧握时代脉搏，掌握新时代技术工具。

在移动支付和大数据时代，移动支付甚至移动点餐都已经进入很多餐饮店，此时，加以"支付即会员"的手段，就意味着，你能够真正掌握会员的消费信息，包括消费频率、消费金额、消费菜品等。

基于上述信息，精准激活会员也并非难事。

### 1. 会员数据分析

所谓会员数据分析，就是分析每位会员的消费数据。

例如根据历史消费数据显示，A 会员平均每周会来消费一次，但最近一次消费已经是一个月之前的事情，这就意味着会员流失的风险。此时，你就要及时对其展开精准营销。

### 2. 会员精准营销

新零售时代的精准营销完全可以实现"千人千面"，餐饮店可以关注每位会员的消费数据，并对其展开精准营销。

假设 B 会员的历史平均客单价是 200 ~ 250 元，你就可以向其推送"满300 减 30"优惠，从而提高客单价。

### 3. 培养会员的忠诚度

对餐饮店而言，会员是最值得重视的老顾客。因此，在会员激活时，你更要考虑培养会员忠诚度的问题，进一步分析会员的消费偏好，时常给会员以惊喜。

假设 C 会员几乎每次消费都会点某菜品，那你就可以在"会员日""会员生日"等时机，向其推送免费赠送该菜品的优惠。通过这类活动，顾客将切实体验到餐饮店对自己的重视，产生更强的归属感。

## 4.7.3 会员转化，如何让更多顾客成为会员

无论拼多多的市场评价如何，但它确实成为近年来国内增长最快的电商之一，并在创立不到 3 年的时间内在上海和纽约两地同时敲钟上市。其成功的原因，正在于其拥有其他电商难以企及的传播力与转化力。

促使拼多多成功的这种传播力与转化力能否运用到餐饮营销当中，让更多顾客成为会员呢？答案当然是肯定的。

作为"万行之王"的餐饮业，具有与一切商业模式相融合的独特性质，关键在于你能否发挥这种特性，将会员营销提高到新的境界。

餐饮人都十分清楚会员营销的重要性：会员的主动传播能够为营销信息背书，让餐饮营销更加可信；与此同时，这种传播与转化的效率更高、成本更低，是最有效的营销方式之一。

但在会员营销遍布的今天，餐饮人也无奈地发现，各类分享与抽奖活动都已经很难吸引到足够的眼球。这其实是因为会员转化活动本身缺乏内涵，因而不仅普通顾客不买账，连会员都不愿传播。

对此，餐饮人可以从以下两方面着手。

**1. 优化营销内容，给会员主动传播的理由**

营销内容是会员营销的关键，你必须激发会员的传播欲望，图4.7-1所示为营销内容的关键。

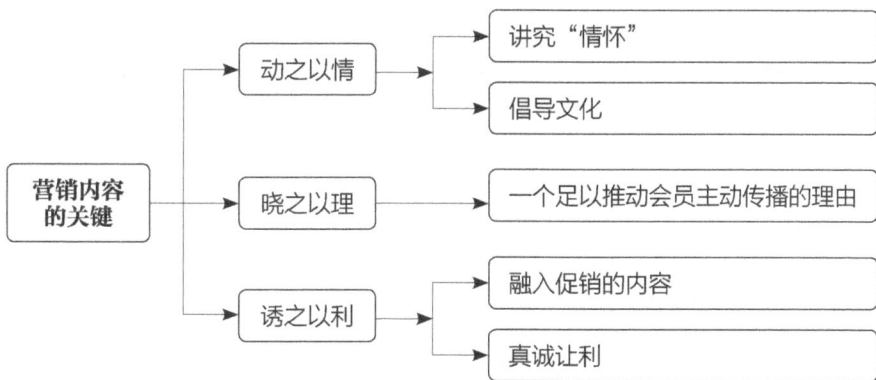

图4.7-1　营销内容的关键

**2. 优化营销形式，给会员更多传播的方式**

在互联网时代，人们可以从各种设备获取丰富的信息。此时，你的营销形式也要进一步优化，尽可能地实现跨屏。电脑、智能手机、平板电脑、可穿戴设备、智能家居……通过对各种设备进行有效整合，增加营销活动的趣味性和参与度。

在会员的众多硬件设备中，每种设备都能够产生不同的营销效果。社群营销日渐火热，但其他终端的营销渠道同样不容忽视。在会员营销中，你需要找到最适合的载体，并努力实现跨屏传播，给予会员更多传播的方式，也给予其他用户多屏体验。

在当下，无论你的初始活动在线上还是线下，你都要推出二维码，并鼓励用户扫码，让你的活动进入用户的移动终端。

# 第 5 章

# 餐饮店质量管理:

## 高质量才常青

　　保证质量是餐饮店常青的王道。餐饮店质量包括菜品质量、服务质量、楼面质量等。餐饮经营者应保证菜品原料质量、制作质量及出品质量,并为顾客提供优质的服务。

# 5.1 餐饮店菜品原料质量管理

餐饮店在采购原料时应确保进货渠道可靠、规范，采购完成后应科学、合理地储存原料。

### 5.1.1 如何制定原料采购标准

餐饮店必须制定原料采购标准，让原料采购有章可循。

原料采购标准是根据餐饮店的实际需要，对所要采购的各种原料做出的详细且具体的规定，如原料的产地、等级、规格、数量、色泽、包装要求、切割情况、冷冻状态等。当然，餐饮店不可能也无必要为所有原料都制定采购标准，只需对需求量较大或成本较高的原料，如禽类原料、水产类原料、乳品类原料等，制定相应的采购标准。这些原料的质量对菜品质量起着决定性作用，同时由于其成本较高，在采购时严加控制也能有效控制采购成本。

餐饮店制定原料采购标准的注意事项如下。

（1）原料采购标准应符合《中华人民共和国食品安全法》相关规定，餐饮经营者在制定标准时应审慎小心：一方面要仔细分析菜谱、食谱，使原料符合菜品的制作需要，另一方面也要考虑市场的实际供应情况。

（2）原料采购涉及多个环节，因此，制定原料采购标准一般需要厨师长、食品验收员和采购人员一起研究决定，力求把标准定得实用可行。

（3）原料采购标准的内容要科学、简练、准确，避免使用模棱两可的词语，如"一般""较好"等，以免引起误解。

（4）市场供应情况不断变化，顾客需求也千变万化，因此，原料采购标准也不能一成不变，餐饮经营者需要加强专业学习，完善调研技巧，建立信息收集系统并对其进行更新优化。

原料采购标准的制定，能预先确定餐饮店所需各种原料的具体质量要求，也能防止采购员盲目或不恰当地采购，还能使供应商清楚餐饮店的质量要求，避免产生误解和不必要的损失。原料采购标准一经制定，就应及时同步通知相关人员。这样，供应商能按照餐饮店要求的标准供应原料，食品原料验收人员也可以将此作为原料验收的对照凭据。餐饮店也需根据市场情况的变化，及时检查和修订原料采购标准，如果涉及标准的修订，也应在第一时间同步通知相关人员。

使用原料采购标准，能大大提高采购过程中各个环节的对接效率，把控采购成本，提升产品质量。

### 5.1.2 如何进行采购

食材是餐饮店品控管理的核心，信誉良好的供货地是其中的有力保障。餐饮店需要形成科学的采购认知，建立完善的采购制度。从具体的操作层面来看，餐饮经营者可以根据以下方法进行采购。

（1）适时异地采购。选择供货地时，很多餐饮经营者会有"本地食材比外地食材更新鲜、更便捷"的片面认知，事实并非如此。一方面，食材原料品质与地域气候息息相关，不同地区间的经济存在差异，因此，不同地区的食材原料的质量、成本都会有差异。另一方面，随着国内物流行业的不断发展，冷链运输技术和保鲜技术的不断提升，异地采购食材同样可以确保食材的品质。

（2）选择批发市场。一般来说，异地采购更适用于采购异地质量更优的食材，而常见食材则更适合在本地批发市场采购。对于需求量较大的常见食材，餐饮经营者应分析本地各大批发市场的优劣势，以做出最佳选择。

（3）掌握采购时机。食材价格会受市场供需的影响，因此采购食材要掌握准确的时机。一般而言，每天清晨采购的价格较低，上午采购的价格最高，下午采购的价格稍低、但质量也最差。

（4）有效利用送货服务。得益于物流行业的发展，很多供应商开始提供送货上门的服务。选择类似服务可以为餐饮店节省一定的时间成本和采购费用。但在选择送货服务时，餐饮经营者应深入了解供应商的资质和能力，如果供应商资质和能力较差，其送货上门的食材在质量上可能会不符合品控要求，或者在时效上无法保证，进而直接影响餐饮店的经营。

每家供应商都有其各自的特点，有的价格优惠，有的质量优异，有的供应充足。餐饮店应与供应商建立起固定、深度的合作，以保证食材供应的稳定。如果发现供应商供应的食材存在质量瑕疵或成本较高等问题，餐饮经营者要及时与供应商商议、谈判，找到有效的解决方案。

### 5.1.3 如何进行食品原料验收

食品原料的验收，是指验收员根据餐饮店制定的食品原料验收程序，对食品原料的质量、数量、规格、单价和总额等进行验收，并将检验合格的原料送到仓库或厨房，同时记录检验结果的过程。

食品原料验收是原料质量把控过程中重要且复杂的环节。从食品原料质量的角度看，验收员需把控食品原料的品质；从对接方的角度看，验收员与采购员、供应商、仓储方均有联系；从财务的角度看，验收员需要把控食品原料的单价和总价。因此，食品原料验收员应诚实、公正，既要有丰富的食品原料知识，又要熟悉基本的财务制度，同时又要具有一定的沟通能力。

不同类型的食品原料验收的程序也会有差异。一般而言，食品原料验收都会涉及以下 4 个流程，如图 5.1-1 所示。

接收 ➡ 验收 ➡ 受理 ➡ 入库

图5.1-1　食品原料验收流程

（1）食品原料接收。不论是通过何种方式采购的食品原料，验收员必须根据食品原料订购合同或者是订购单进行核验，对于未办理订购手续的食品原料应不予受理，以防盲目进货。同时，验收员在核验时需仔细核对相关单据，如发票、提货单、装箱单、准运证等，保证单据的一致性、真实性，以防在运输过程中出现食品原料被调换的情况。

（2）食品原料验收。食品原料的验收重在把握食品原料的规格、质量、包装等，验收员应核验食品原料是否符合标准，食品原料的质量是否优良以及食品原料的包装是否完好。

（3）食品原料受理。验收食品原料后，验收员需做好验收记录。对于不符合验收要求的食品原料，如果是供应商送货上门的，则应拒绝验收，并及时办理退货手续；如果是自提和代运的，则应妥善保管食品原料，等待后续处理。

（4）食品原料入库。不同食品原料的后续处理方式不同，因此在受理食品原料后，应按流程及时分流。对于直接使用的食品原料，可按流程分发给需求部门；对于需要入库的食品原料，则应及时与仓库保管员联系，根据食品原料的品种办理入库手续。

在食品原料验收的过程中，验收员应及时填写相应的表格、单据，如验收记录表、收货凭证单、验收异议报告、退货通知单等。这些单据后续会作为采购部、仓库或厨房等部门控制原料使用的依据。

### 5.1.4 食品原料储藏的质量控制

新鲜的食品原料经验收后，需要及时储藏。如果储藏不及时或无效，食品原料就容易发生变质，轻则导致浪费，增加经营成本，重则引发食品安全事故。事实上，很多食品安全事故的源头也出在储藏环节。因此，食品原料储藏是餐饮经营者不应忽视的一环。餐饮经营者应从以下3个角度对其进行把控。

### 1. 库房安全

餐饮店需设置专门的食品原料储藏库房和设施（如冰箱、存放架等）。食品原料储藏库房中应使用无毒、坚固、易清扫的材料，且不得存放有毒、有害物品，不得存放药品、杂物及个人生活用品等。

**2. 食品原料储藏**

食品原料储藏应做到分类分区。分区储存不仅便于操作和管理，还能防止不同食品原料之间的互相催化。

餐饮经营者可以根据以下几个原则储藏食品原料。

（1）所有食品原料都应分类放置。

（2）有异味或易吸潮的食品原料应用塑料袋、瓶罐等密封保存后再分类存放。

（3）易腐烂的食品原料要及时冷藏、冷冻保存。

（4）熟食或高温半成品，应放至冷却后再冷藏或冷冻。

（5）食品原料在储藏时应做到取用方便，且在取用时做到"先进先出"，同时，可将使用频率较高的食材存放在靠近仓库门处。

（6）取用食品原料时应尽量提高存取的速度，避免长时间打开仓库门而破坏储藏环境。

**3. 定期检查**

餐饮店应配有专人定期对储藏环境和食品原料进行清理、检查。餐饮店必须定期打扫食品原料储藏库房，保证储藏设备正常运行，使储藏环境达到干净整洁、无虫害、无杂物的卫生标准，对过期、腐败的食品原料要及时处理。

# 5.2 餐饮店菜品制作和出品质量管理

众所周知，当前西餐、日料等餐饮的制作标准化早已成型。在这一点上，中式餐饮业可以多向西餐、日料学习，通过制作上的标准化，提升菜品制作和出品的质量。

## 5.2.1 制定菜品质量执行标准

餐饮店多以菜品口味制胜，而菜品口味则由厨师决定。很多餐饮店的常客可以轻易觉察出厨师的变更，其原因就在于不同厨师制作出来的菜品口味存在差异。采用菜品质量执行标准，就可以避免餐饮店菜品质量与厨师强关联的现象。此外，菜品制作标准化，还能大大提升餐饮店的工作效率，降低人力成本。

餐饮经营者该如何制定菜品质量执行标准呢？

（1）食谱标准化。望湘园前任董事长柳智曾说："做中式正餐的标准化，首先要做的是让食谱精确下来。"在这样的理念下，望湘园的每道食谱都有精确描述，如主料、辅料各多少克，先炒什么，后炒什么，炒多久……

所谓食谱标准化，是指原料的标准化和工艺的标准化。例如"主料、辅料各多少克"就是原料的标准化，除此之外，还对原料的色泽、质量、味道等有所要求。而"先炒什么，后炒什么，炒多久"则是制作过程中工艺的标准化，只有合理控制每一道工序，最终才能制作出合格的菜品。

（2）菜品标准化。菜品标准化，顾名思义即菜品的出品质量标准化，一般说来，餐饮店可以从外观、温度、口感、口味4个方面对其进行标准化。

（3）技术标准化。食谱标准化和菜品标准化是保证菜品质量的基本环节，但仅有这两个环节是不够的。为此，餐饮店应不断研发新技术，利用新式烹饪设备使得制作标准化更具可行性。

例如，西贝就曾花很大成本挖到了很多肯德基、麦当劳、星巴克的中层管理人员，借助他们对标准化实践加以把控。再比如中式快餐连锁品牌真功夫也专门研发出了计算机程控蒸汽柜，可以同压、同时、同温烹饪，操作人员只需按照流程操作设备即可。

## 5.2.2 按图做菜

菜谱在餐饮店的运营中起着重要的营销作用。所谓按图做菜，即根据流程执行操作，使制作出来的菜品和菜谱上的基本一致。这要求餐饮店的菜谱不能过于华丽，否则顾客在面对菜品实物时会有上当受骗的感觉。当然，菜谱也不能过于简陋，否则顾客在浏览菜谱点菜时会无从下手。

好的菜谱可以给顾客带来良好的体验，提高顾客满意度。在少数餐饮店中，实物菜品的原材料与菜谱中的原材料都不一样，这显然会带给顾客极差的用餐体验，进而导致顾客对餐饮店的印象大打折扣。一旦出现这种情况，顾客后续进店消费的可能性就会大大降低，这将直接影响到餐饮店的长期运营。

因此，餐饮店在制作菜品时，必须做到按图做菜，而菜谱应真实地体现菜品的内容和质量。

餐饮经营者应坚持诚信经营，按图做菜是其中不可或缺的一环。实物菜品与菜谱上的菜品一致，能向顾客展示表里如一的餐饮店形象，加强顾客对餐饮店的信任度。

### 5.2.3 烹调分流、专人专菜

分工，是团队内不同成员承担工作职责的依据，也是组织或团队运行的基本规则。随着社会的不断进步，无论是小餐饮店，还是大品牌餐饮企业，都越来越讲究分工合作。在菜品制作和出品质量管理上，餐饮店尤其需要对部分菜肴实行烹调分流、专人专菜。这种方式既能有效提高菜品的出品速度，保证菜品质量，又能提高个人的专业能力，进而提升后厨团队的整体水平。

烹调分流、专人专菜的重要性，既表现在分工明确上，又表现在流程明晰上。从分工角度讲，现代后厨分工必然越来越细，工种划分也越来越明确，一般说来，完整的后厨会涉及7种分工，分别是炉头、砧板、上什、打荷、水台、烧腊、点心。实际操作中，由于餐饮店规模、主营菜式的不同，具体工种设置和人员比例也会有所不同。餐饮经营者应根据厨师的资历、等级以及擅长的烹调技法，结合实际需求，进行明确分工。

从流程的角度讲，烹调具体可以分为食材准备、食材切配和菜品制作3个环节。

（1）食材准备。食材的新鲜程度与菜品质量息息相关。适时、适量地准备食材是餐饮经营者需要具备的一项基本能力。在食材采购上，餐饮经营者可根据餐饮店运营数据进行准备，这样既能保证满足制作菜品的需要，又不至于因采购过多而造成浪费。

需要注意的是，食材需求并不是一成不变的，餐饮经营者应结合市场需求、季节等因素，适时调整食材采购量。

（2）食材切配。针对部分常用食材和配料，如肉丝、葱花等，后厨可以安排专人提前做好切配工作。对于消耗较快的食材、配料，应随时关注，同样安排专人准备。

（3）菜品制作。首先，后厨需明确顾客对菜品的细节要求，以确保能按顾客的需求进行烹饪；其次，上菜并不是越快越好，餐饮经营者可以把握好上菜节奏，通过调整烹饪人员，更换上菜顺序和控制上菜速度，带给顾客最佳的用餐体验。

### 5.2.4 巡视、检查、点评

后厨的环境、食材的质量、人员的工作状态等都与菜品制作和出品质量息息相关，做好整个后厨的巡视、检查、点评工作，是餐饮店经营过程中不可或缺的一环。

巡视、检查、点评工作要求检查人员每天进行巡视检查，听取顾客反馈的意见，并在发现问题后及时向后厨提出解决方案。

后厨工作环节繁多，要做好巡视、检查、点评工作，需要检查人员做到细致、敏锐、公正。只有细致、敏锐，才能及时发现问题；只有公正，才能达到巡视、检查的效果。

具体进行巡视、检查、点评时，检查人员可以从以下几点入手。

（1）厨房环境。厨房环境直接影响菜品的卫生及稳定制作。一方面厨房环境应保持整洁，要消除老鼠、苍蝇、蟑螂；另一方面要保证厨房设备稳定运行。

（2）食材质量。各类食材应分类、分架储存，并保持清洁，如发现有过期或变质的食材要及时处理。对菜品制作过程中涉及的代加工食材也应仔细检查，不能使用腐败变质或有其他异常的食材。

（3）员工状态。虽然后厨员工不直接面对顾客，但员工的状态却会直接影响菜品的出品质量和速度。检查人员可以就员工的出勤、着装、具体的操作等方面进行巡视、检查、点评，以推动厨房员工按照标准进行工作。

在巡视、检查、点评过程中，检查人员应做好记录并有针对性地进行点评，切记不能让点评工作流于形式。积极有效的点评能使整个后厨的运营产生正向反馈，是推动后厨管理流程化和标准化的重要内容。

通过巡视、检查、点评，餐饮店不仅能及时发现并解决问题，保证菜品出品的质量和效率，还能优化后厨管理流程。

### 5.2.5 挂牌服务法

对于大部分餐饮店来说，顾客与后厨是相对割裂的，两者不会见面。但事实上，很多餐饮店的后厨藏龙卧虎，有着质量可靠、技术过硬的名厨。为了利用好这一资源，餐饮店可以考虑推出挂牌服务法。

挂牌服务法，即对外宣传餐饮店的名厨，形成营销亮点。例如，有些餐饮店会将骨干厨师的照片张贴在顾客容易看到的地方，并注明他们的拿手菜，顾客可以据此直接点厨师出菜。还有些餐饮店会在菜谱上的热销菜和主打菜下面增加厨师的个人介绍，以突出菜品的优势，增加顾客对该菜品的好感度。

挂牌服务法能在无形之中拉近顾客与后厨的关系，对餐饮店的经营起到正向的促进作用。通过对厨师的挂牌展示，餐饮店既宣传了员工形象，突出了名厨的个人价值，也向顾客凸显了餐饮店的专业性和权威性。这一方法也能提高厨师的积极性，树立他们的责任心，从而保证菜品的质量。

挂牌服务法，能使顾客直观地了解到所点菜品的制作者，增强顾客对餐饮店的信任感，也能让顾客在用餐过程中感受到餐饮店的用心和温暖。

### 5.2.6 带号上菜法

带号上菜法最早出现在 20 世纪 90 年代，是餐饮店餐品质量控制的重要工具。带号上菜的目的在于让顾客明确知晓菜品的制作者，比如可以对菜品按厨师编号后再上菜，或直接在菜品盘旁附上厨师的名字。

挂牌服务法和带号上菜法都能拉近顾客与后厨的关系，两者的区别在于：挂牌服务法让顾客能直观了解到菜品的制作者，从而感受到餐饮店的专业、用心和温暖；带号上菜法则更多地从质量控制的角度出发，将菜品与菜品的制作者直接对应起来。

带号上菜法的具体作用如下。

首先，如果菜品出现质量问题，带号上菜法能确保在第一时间找到对应的菜品制作者，大大简化了烦琐的管理流程。

其次，带号上菜的方式使菜品的质量与后厨团队相联系，无形之中便增强了厨师的责任感，从而菜品的质量也得以提高。

最后，对餐饮店而言，顾客就是最直接的菜品体验师，如果顾客对菜品的味道有意见，可以直接反馈给菜品的制作者。厨师也可以根据顾客意见，不断提升菜品品质，进一步增强餐饮店的竞争力。

### 5.2.7 电视点炒法

随着社会的发展，科技的进步，餐饮经营者应不断创新经营方式。在菜品制作方面，电视点炒法便是典型。

电视点炒法，即在顾客点单后，后厨接到菜品订单并烹制菜品时，餐饮店将其中的一道或几道菜品的烹制过程通过视频信号展现给顾客，让顾客看到厨师是如何为自己烹制菜肴的。

电视点炒法对厨师的烹饪过程进行实时直播，这使得厨师在制作菜品的过程中会有一定的仪式感，也能督促厨师严格把控菜品烹饪过程中的每一个环节，保证菜品质量。通过直播，顾客还可以实时了解菜品的制作进度，同时，顾客还能了解和讨论烹饪过程中的每一个细节，增加烹饪知识，提高用餐兴趣。

电视点炒法能显著提高顾客对于餐饮店的信任感和新鲜感，提高顾客的用餐兴趣，从而可以提升餐饮店的经营业绩。有些餐饮店会选择把电视点炒法作为一个营销宣传点，以吸引更多的顾客进店消费。在具体的运营操作上，由于餐饮店需要面对众多的顾客需求，餐饮店可以根据自身情况进行调整。例如，有的餐饮店会把菜品的制作过程和媒体对餐饮店或菜品的报道搬到屏幕上循环播放，有的餐饮店会把整个后厨的运行情况通过直播平台实时同步给顾客。从某种意义上讲，这些都是电视点炒法的变化形式。

### 5.2.8 零距离烹制法

电视点炒法是将后厨的菜品制作过程通过电视屏幕呈现给顾客，而有些餐饮店则选择了更直接的呈现方式——零距离烹制法。

零距离烹制法一反传统的"前堂后灶"方式，采用全开放的舞台式厨房，将厨房与餐厅融为一体，厨师直接面对顾客炒菜，甚至顾客也可以与厨师一起烹制，或独自烹制。

零距离烹制法最初源自日式料理、自助餐等餐饮形式。随着顾客饮食需求的多样化，零距离烹制法也开始进入越来越多的餐厅。比如西贝莜面村不仅将后厨搬进了前厅，还借助时尚的设计让后厨为餐饮店的颜值加分，使之成了餐饮店的一个营销工具。

零距离烹制可以让顾客直观地了解食品加工的环境与环节，领略饮食文化魅力，提高用餐兴趣。但要想实现零距离烹制，需要餐饮店具备一定的硬件条件，即将后厨设置在前厅内，以便顾客可以随时观看菜品制作过程。因此餐饮店的前厅面积要足够大，且需要做到食材新鲜、环境整洁。

事实上，一些餐饮店考虑到零距离烹制的实现难度，采取了"有选择地"零距离烹制。比如说，对中餐而言，菜品的制作过程必然会涉及煎、炒、烹、炸等烹制手法，而这些环节又必然会产生油烟和油渍。为避免增加前厅的油烟和噪声，有些餐饮店就选择了向顾客展示菜品制作过程中的部分环节。再比如，有些餐饮店会选择几款烹制方法较为简单且烹制过程具有观赏性的主打菜品进行零距离烹制。采取这种有"选择地"零距离烹制的方法，能大大降低零距离烹制的实现难度，同时又能提升餐饮店的颜值和特色，不断吸引顾客到店消费。

零距离烹制将菜品的制作过程全程展现在顾客眼前，这也对菜品的烹制过程提出了更高的要求，因此餐饮经营者务必要保证整个烹制过程干净整洁，否则，所带来的就只能是负面效应。

## 5.3 餐饮店服务质量管理

餐饮服务是餐饮店经营中的重要组成部分，餐饮服务质量的好坏决定了餐饮店能否健康发展。

### 5.3.1 餐饮服务的质量标准

服务的本质是为顾客创造体验——一种来源于物质与情感的双重刺激体验。随着人们生活质量的提高，顾客进入餐饮店的消费需求早已从"吃美食"变为了"获得良好的餐饮体验"。在越来越多的用餐场合中，餐饮服务会对顾客产生比物质刺激更为深远的影响，随之会形成"光环"效应。为此，餐饮店必须制定餐饮服务质量标准。

目前，餐饮业的服务水平参差不齐，即使在同一家店内，顾客也可能会体验到截然不同的服务。作为餐饮经营者，制定餐饮服务质量标准需遵循三大原则，如图 5.3-1 所示。

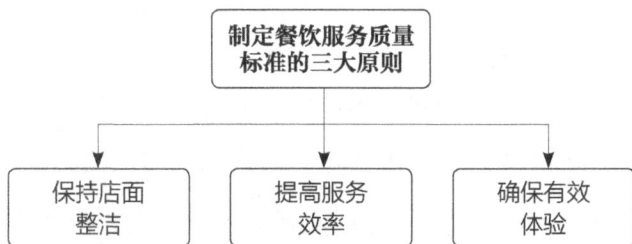

图5.3-1　制定餐饮服务质量标准的三大原则

（1）保持店面整洁。保持店面整洁，能给顾客提供安全卫生的用餐环境，增加顾客的用餐舒适感。因此，从餐饮店的店面装修到桌椅摆放，再到服务人员的仪表举止，都应保证整洁、干净。

（2）提高服务效率。服务的响应速度是影响顾客就餐体验的一大因素。如果顾客在用餐时的需求迟迟不能得到满足，往往会导致顾客对用餐服务感到失望，从而降低顾客再次进店消费的可能性。

（3）确保有效体验。餐饮经营者需要牢记，无论餐饮店花了多大的成本，提供了多少服务，真正发挥作用的是能打动顾客内心的服务。从该角度讲，如果餐饮店服务人员的服务过于热情而打扰了顾客的用餐，同样不能称之为有效的服务。真正有效的服务，是能满足顾客个性化需求的服务。

餐饮经营者在制定餐饮服务质量标准时应遵循以上三大原则，给顾客提供从入店到消费，再到离店的连贯服务，不断优化餐饮服务的每一个细节。

### 5.3.2 餐饮服务的时间标准

餐饮服务的时间长度会直接影响顾客的用餐体验。为此，餐饮经营者应制定餐饮服务的时间标准，保证即使在就餐的高峰时段，也能及时提供美味的菜肴，避免出现顾客因等待时间过长而影响用餐体验的情形。一般来说，餐饮经营者可以从以下3个角度制定餐饮服务的时间标准。

（1）上菜顺序。上菜速度固然重要，但有些餐饮店一味求快，忽视了顺序，往往是先出的菜品就先上，然而，这缺乏一定的科学性。理论上，上菜一般应按先冷后热、先清淡后浓味、先名贵后一般的顺序进行。当然，如果顾客有特殊要求就需要区别对待。

（2）出菜原则。一般来说，餐饮店在制作菜品时应遵循先来后到的原则，即谁先下单就先给谁做。再者，由于菜品性质、烹制方法不同，不同菜品在出菜时间上亦有差异。在出菜时间上，第一道菜应该尽快出，随后每道菜的间隔时间原则上不能超过5分钟，出主菜前的间隔时间不能超过8分钟。午餐的出菜间隔时间可稍短，晚餐的出菜间隔时间可稍长。

（3）上菜速度。试想，如果顾客下完单后，服务员很快就把菜全部上齐了，还将桌子上堆得盘子叠盘子，顾客会有什么样的感受？因此，服务员在上菜时需要控制好上菜节奏，以带给顾客最佳的用餐体验。

需要注意的一点是，餐饮店在经营过程中会面对大量的顾客订单，这就难免会出现漏单的情况，也难免会遇到顾客催菜的情况。此时，服务员不可随意敷衍顾客，务必要在核实具体情况后，再给予顾客明确的答复。

### 5.3.3 餐饮服务的礼仪标准

餐饮服务不仅应有质量标准和时间标准，也应有礼仪标准。在餐饮店营业期间，餐饮店员工应以无可挑剔的礼仪，让顾客满意。

餐饮服务的礼仪标准，可以从仪容仪表、仪态和语言3个角度来把握。

餐饮店员工的仪容仪表影响着顾客对餐饮店的第一印象，餐饮店要确保员工在工作期间统一着装，保持干净整齐。仪态主要包括餐饮店员工的站姿、走姿、手势等，餐饮店员工在面对顾客时要保持微笑，使用礼貌用语，做到"请字当头，谢不离口"，且不能出现一些不文明的举动，对顾客的用语也要做到态度温和、语言亲切、声调自然、音量适中。

餐饮店员工应从顾客进入餐饮店的那一刻便开始展示餐饮服务礼仪，且一直持续到顾客离店。顾客到店前，餐饮店要保证员工在各自的工作区域内待命，迎宾人员要随时关注来客方向，确保能在第一时间迎接顾客。顾客进店后，服务员应慢步走在顾客前面进行引座，并在顾客就座后主动提供毛巾、茶水等。在顾客点餐及用餐的过程中，服务员需在第一时间关注顾客的需求，及时响应顾客提出的问题，例如撤下桌上的空菜碟和顾客的骨碟。顾客结账及离店时，服务员要怀着感恩之心并保持欢送姿势。

优质的服务礼仪，可以让顾客心情舒畅，是餐饮店让顾客满意的不可忽视的因素。

### 5.3.4 餐饮服务的事件管理策略

餐饮店经营中，难免会出现一些突发事件。此时，需要餐饮店管理人员能在第一时间出面并解决问题。餐饮经营者应组织相关人员定期讨论、分析突发事件，以避免这些问题出现，或问题出现时能及时得到妥善处理。

一般来说，餐饮店的突发事件可以分为烧烫伤类、财物损失类、设备事故类等。

常见的烧烫伤有热液烫伤、火焰烫伤、接触烧伤、腐蚀性化学制剂伤害、电伤等。不管是何种烧烫伤，都要在第一时间做急救处理，如遇伤势较重，还需在第一时间拨打急救电话。比如遇到电伤，就要在第一时间切断电源或是用绝缘体将电线等物移开。

顾客进店后，如存在财物丢失风险，餐饮店员工应及时提醒顾客注意保管好自己的财物。如果顾客出现财物损失的情况，餐饮店员工应问清顾客用餐时的具体位置、物品的件数和特征等情况，并且当着顾客的面登记备查，或是通知有关部门帮助协查寻找。对经过寻找仍无着落的，可以请顾客留下联系方式，以便有信息时可以及时告知。

如遇设备事故，餐饮店员工应首先保持镇静，在第一时间根据不同的事故类型给出解决方案。例如遇到突然停电，可以在第一时间开启应急灯或者是为顾客点燃备用蜡烛；如果突遇火灾，则要在第一时间报警并疏散顾客。

餐饮无小事，如遇突发事件，餐饮店员工一定要保持镇静，并在第一时间进行妥善处理。

### 5.3.5 如何处理顾客投诉

餐饮店面对的顾客是多种多样的，顾客的需求也纷繁多变，餐饮店在经营过程中难免会遭遇顾客投诉。

顾客投诉的情况虽然不多，但如果处理不妥，就有可能影响餐饮店的口碑。当然，如果处理得当，对餐饮店来说，是一种正向、积极的宣传。因此，每个餐饮经营者都必须掌握处理顾客投诉的技巧。

在处理顾客投诉时，先安抚顾客情绪，再处理事情、解决矛盾，是一条铁律。

面对顾客投诉，餐饮经营者首先需要以积极的态度去理解顾客的投诉，而不是一味地否定顾客的意见。正常的顾客投诉会是积极的、善意的，这些投诉有助于餐饮经营者发现并改进工作中的问题。因此，在处理顾客投诉时，餐饮经营者要专心聆听，多站在顾客的角度去理解其诉求。有时，难免会遇到怒气冲冲的顾客，在面对这类顾客时，餐饮经营者和员工应保持冷静、沉着，在第一时间帮助顾客冷静下来，使其能客观地表达问题。

具体处理顾客投诉时，餐饮经营者应先辨别是确有其事还是恶意投诉。如果是确有其事，则需诚恳地向顾客道歉、尽可能地弥补顾客的损失、平息顾客的不满，同时也要避免此类事件再次发生；如果是恶意投诉，餐饮经营者则需要保持高度重视，在不违反原则时，可以适当地做些妥协，必要时也可以寻求监管权力的介入。

### 5.3.6 如何服务好特殊客人

民以食为天，餐饮店服务的顾客群体也会较为复杂。从年龄上看，可能有老人、有儿童；从身体状况上看，可能有病人、有孕妇；除此之外，还可能有来自不同国家、不同地域的顾客。在服务这些特殊人群的时候，餐饮经营者应根据这些客人的特点，尽可能满足他们的需求，以提升餐饮店的服务质量，增加顾客的用餐好感度。

例如，大部分餐饮店都会备有儿童餐椅，提供给有需要的顾客。如果遇到携带儿童用餐的顾客，应尽量不要把儿童餐椅放到过道边上，且要把易碎物品、刀叉等危险物品转移到儿童够不着的地方。在向这类顾客介绍菜品时，可以先介绍儿童菜品，再进行常规服务。在上菜时，可以为儿童提供专属餐具。如果遇到儿童在过道上玩耍或者打扰到其他客人时，可以向他们的父母建议让他们坐到餐桌边以免发生意外。

如果遇到残障人士用餐，服务员需要给予他们必要的关注，但切记不要关注过多，更不可私下议论。从心理角度来讲，向他们提供过度的照顾和帮助，会在无形中增加他们的心理负担。

此外，餐饮店在经营过程中还可能会遇到顾客醉酒的情形，如果顾客已经喝醉，餐饮店员工应礼貌地告诉顾客不可以再向他们提供含酒精的饮料，同时可以为其提供一些清口、醒酒的食品或饮品，更加耐心细致地做好服务。如果顾客因醉酒而呕吐或带来其他麻烦，餐饮店员工要及时送上漱口水、湿毛巾，并迅速清理污物。

# 5.4 餐饮店楼面质量管理

餐饮店楼面质量是餐饮店整体形象的直观表现，影响着顾客对餐饮店的整体印象。良好的楼面质量也是餐饮店稳定运营的基础条件。

## 5.4.1 如何制定楼面质量标准

餐饮经营者应制定切实可行的楼面质量标准，而在制定相关标准时，可以参照以下 3 个原则。

（1）规范性。餐饮店楼面质量管理涉及的环节很多，大到餐饮店的整体形象，小到设备的能耗管理，这对楼面质量管理带来了很大的挑战。面对这些繁多杂乱的环节，餐饮经营者在制定楼面质量标准时必须首先确保规范性。餐饮经营者应拆分楼面管理工作中的每个环节，并将其对应到具体的职位。这样就能让每一个员工了解自己的岗位职责，并根据岗位规范落实自己的工作，确保整个餐饮店的楼面质量管理工作有条不紊地进行。

（2）可行性。尽管餐饮店的楼面质量管理是一项繁杂的工作，但餐饮经营者在制定具体质量标准的时候必须注意标准的可行性，切不可使标准因太过繁杂而难以执行。同时，由于楼面质量管理并非是一成不变的，餐饮经营者在实际执行过程中如果发现不合理情形，就要及时调整。

（3）奖惩性。任何制度的执行都需要有明确的奖惩机制。为保证楼面质量标准的有效性，在制定过程中，餐饮经营者应增加相应的奖惩机制，以不断培养员工的规范意识。

### 5.4.2 楼面基本作业管理

餐饮店的楼面基本作业包括楼面的经营、人员、服务、卫生、设备、安全、总务等。在管理楼面基本作业时，餐饮经营者需要统筹全局，确保有的放矢。

餐饮店楼面基本作业涉及的环节繁多。明确各岗位职责后，具体员工应在不同工作岗位上各司其职，让楼面基本作业的各环节能有条不紊地运行。同时，楼面基本作业环环相扣，任何一个环节出现问题都有可能影响到其他环节，进而影响到整个楼面的正常运营。因此，每个环节的员工都必须认真负责，不可得过且过。此外，餐饮店的楼面质量标准在楼面基本作业管理中也发挥着不可或缺的作用，以楼面质量标准约束每个工作环节，才能保证楼面基本作业的稳定性。

餐饮店楼面基本作业的日常管理工作是从班前会开始的。管理者应通过班前会强调日常工作事项，明晰当天的工作重点，然后开始基本工作。而每天管理工作的落脚点是班后会，即管理者通过班后会总结每天的工作情况，及时发现工作中的问题并进行改进。此外，为保证餐饮店楼面基本作业效率不断提高，餐饮经营者可以定期组织培训，组织员工分享交流，这样，员工就能不断精进自己的专业能力，同时熟悉其他环节的工作内容。分享交流可以让员工以头脑风暴的形式进行，从而优化楼面基本作业流程，提高楼面基本作业的效率和质量。

### 5.4.3 楼面早会管理

餐饮店日常楼面基本作业主要是从一天的早会开始的。做好楼面早会管理，能有效激励员工，让员工提高工作效率。

为了做好楼面早会管理，餐饮经营者可以从以下 3 点入手。

### 1. 保证会议氛围

"将欲取之，必先予之"，餐饮店管理工作同样如此。管理者需要牢记早会现场不该是"一言堂"和"批斗会"。如果管理者在早会上不讲求方式，只是机械地布置工作，就会导致早会氛围沉闷，员工口服心不服，效果自然难尽人意；反之，用鼓励贯穿早会内容，就能奠定积极的基调，使员工在一天的工作中保持良好的状态。

### 2. 会议内容明确

早会的本质是会议，管理者应确保会议内容明确、清晰。一般来说，早会的内容不外乎以下几点。

（1）清点人数，检查工作区域的应到人员。

（2）检查员工的仪容仪表。

（3）传达餐饮店的相关指示与通知。

（4）强调日常工作事项，明晰当天的工作重点。

此外，管理者还可以结合餐饮店的文化和特色，辅以一定的娱乐活动，以提高员工的工作积极性，但切记早会时间过长。

### 3. 形成会议规范

管理必须做到标准化可复制，早会亦是如此。不断重复常规化的早会，在餐饮店形成规范的操作机制，能促使员工养成基本的工作素养。

## 5.4.4 楼面服务质量改进

良好的楼面质量是餐饮店稳定运营的基础条件，但这并不意味着楼面质量管理工作是一成不变的。不断改进楼面服务质量，是餐饮店经营过程中的重要环节，也是餐饮店不断获得顾客好感的重要手段。

通过改进楼面服务质量，餐饮店能给顾客提供更加优质的用餐环境，提升整体的服务质量；同时也能让顾客直观地看到餐饮店的变化，发现餐饮店在经营过程中的用心和专业。

科技发展日新月异，人们的生活质量也在不断提高。在具体的楼面服务质量改进过程中，餐饮经营者也应做到"与时俱进"和"与实俱进"。餐饮经营者应紧跟时代步伐，不断借鉴同行业或者其他行业的一些优秀做法，改进楼面服务质量，从而为顾客提供更加舒适、便捷的用餐环境。

在餐饮店的实际经营过程中，餐饮经营者可能会遇到很多来自员工和顾客的反馈，这些反馈中不乏关于改进楼面服务质量的宝贵意见。餐饮经营者要虚心听取，并结合餐饮店的实际情况进行优化和改进。

餐饮店的经营不是一件一劳永逸的事情，餐饮经营者需要不断思考、不断优化。

# 第 6 章

# 餐饮店采购与人员管理：
## 采购决定餐饮品质

　　食材是餐饮业的核心关注点。对大型餐饮企业而言，品牌影响力能否不断提升，食材的品质是关键。对小型餐饮店而言，建立起良好的采购体系则能起到稳定经营的作用。

# 6.1 如何选择合适的餐饮采购方式

采购是餐饮店运营过程中的关键环节，科学合理的采购方式既能有效控制成本，提升餐饮店的运营效率，同时也能降低相关人员的劳动强度，减少资源和时间的浪费。

## 6.1.1 统一采购

少数餐饮经营者简单地认为采购就是购买所需产品原料。然而，采购是一门系统的经营学问，需要结合餐饮店的运营模式、人员分工以及成本控制等多个环节进行全面细致地分析、决策和执行。

正常情况下，根据"薄利多销""量大从优"的原则，越是大批量、集中性的采购，商品价格相对也会压得越低。因此，大型餐饮机构大多会选择统一采购的方式减少中间环节，达到降低成本的目的。

如今，华莱士、真功夫这样的大型连锁餐饮企业都采用的是统一采购的方式进行资源的集中采集与分配。当所有的流程都有统一的标准时，采购的各个环节就会变得清晰与规范。

整体的发展会影响局部，局部的运行也会牵动整体。随着采购环节的规范，餐厅的运营情况自然也会朝正规化、专业化的方向发展。不过，事物没有绝对的好坏，凡事都有两面性。虽然统一采购有着诸多的好处，但同时也存在以下3个弊端，需要相关人员着力避免。

（1）运行机制不灵活。统一采购所有的环节都需要由总部统一安排，如同管理军队一样，必须整齐划一。但是，每个地区、每家门店的实际情况都是不同的。当个别门店有计划外的需求时，就需要层层报备，等待批复，因此显得不够灵活。

（2）各环节牵连太深。统一的采购制度必须对应统一的商品营销与管理制度。从商品的定价、陈列展示到营销政策等，餐饮经营者都需要平衡考量，排除一切不确定性。否则，稍有变动就会牵一发而动全身。

（3）容易滋生不良风气。统一采购会导致权力过于集中，采购哪些物品、一次采购多少、采购价格等重大决策权都掌握在总部的手里，分公司、门店缺少发言权，这种方式容易滋生相关人员从中牟取私利的不良风气。

## 6.1.2 集团统一采购与各区域分散采购

相较于统一采购，集团统一采购与各区域分散采购结合进行的采购方式灵活了许多。因为餐饮业采购涉及众多的生鲜食品，对环境、温度、运输时间等条件的要求相对较高。

对于大型餐饮企业而言，全国成百上千家门店可能横跨多省，不同的地理条件与风土人情，造就了丰富多彩的饮食特征。因此，根据实际情况，因地制宜地开展采购工作，能有效提高工作效率，增强组织的协调性。

首先，集团统一采购，便于资源的统一协调与分配。针对一些季节性强，地区品质差异大的商品，餐饮企业可以建立企业内部物流配送系统：从总部到地方，建立配送路线，组织不同区域的人员负责当地的分拣与配送。同时，也可以在原材料生产基地建立一级分拨中心。比如内蒙古盛产牛羊肉，企业可以在当地设立牛羊肉的屠宰与加工中心。在当地完成统一的仓储与分拣之后，再统一运输到下一级分拨地点，从源头入手，确保食材的新鲜与合理分配。

另外，餐饮企业可以在经济相对发达、交通便利且人员密集的一线城市，如北京、上海等建立二级分拨中心，优先满足需求量大的门店，保证各门店菜品的及时供应。图 6.1-1 所示为集团统一采购流程。

```
┌──────────┐      ┌──────────┐  加工、分拣  ┌──────────┐
│ 统一物流配送 │ ───> │ 原产地一级  │ ────────> │ 大城市二级  │
│   系统    │      │  分拨中心  │          │  分拨中心  │
└──────────┘      └──────────┘          └──────────┘
                                             │
                                             ∨
                                        ┌──────────┐
                                        │  各区域门店  │
                                        └──────────┘
                                             │
                                             ∨
                                        ┌──────────┐
                                        │   结束    │
                                        └──────────┘
```

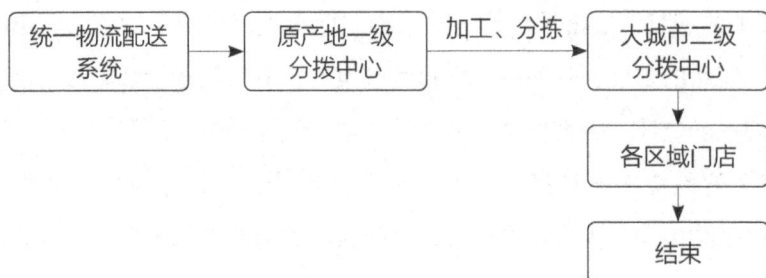

图6.1-1　集团统一采购流程

集团统一采购是以集团为圆心画圆，区域分散采购则是以各区域门店的真实需求为半径画圆。区域分散采购的可操作性强，政策灵活。

各区域分散采购应具备哪些条件呢？具体如图 6.1-2 所示。

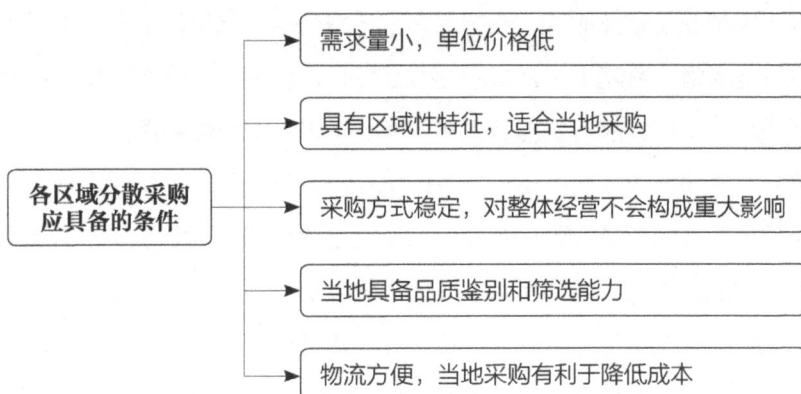

```
                    ┌────────────────────────┐
                    │ 需求量小，单位价格低          │
                    └────────────────────────┘
                    ┌────────────────────────┐
                    │ 具有区域性特征，适合当地采购       │
┌──────────┐        └────────────────────────┘
│ 各区域分散采购 │       ┌────────────────────────┐
│  应具备的  │ ─────> │ 采购方式稳定，对整体经营不会构成重大影响│
│   条件    │        └────────────────────────┘
└──────────┘        ┌────────────────────────┐
                    │ 当地具备品质鉴别和筛选能力       │
                    └────────────────────────┘
                    ┌────────────────────────┐
                    │ 物流方便，当地采购有利于降低成本     │
                    └────────────────────────┘
```

图6.1-2　各区域分散采购应具备的条件

当集团统一采购与各区域分散采购能达到彼此融合、相辅相成的境界时，整个采购系统内部就会达到完美的平衡。每当区域有特殊的采购需求时，门店管理团队可以事先在企业的办公平台上提交需求，总部再进行分析与汇总，得出结论后再予以指导审批，确保区域采购的顺利开展。

这种模式不仅适用于直营店，对于连锁加盟的门店也同样适用。各个下属门店可以按实际经营需求向总部提交申请，将一些规模性、消耗量大的物资交由总部统一采购；对单位价值较低，采购量相对较少的物资，则实行分部自主采购。这样做能在降低采购成本的同时起到灵活经营，提高市场竞争优势的作用。

### 6.1.3 餐饮企业联合招标采购

餐饮业对食材供应的要求十分严格，需要相关人员以谨慎而专业的态度去发掘优质供应商。从最初的筛选、比较，到分析、洽谈，再到最终确定合作，这个过程短则几周，长则需要数月的时间，并且在这个过程中，相关人员需要与不同供应商就价格、品质和服务等要素进行谈判。

当采购项目达到一定金额或者数量的时候，餐饮企业通常会采取公开招标的形式筛选供应商。在餐饮业中，经常会出现几家餐饮企业针对有大量需求的食材进行联合招标的现象。这种大规模的集中采购往往可以为餐饮企业争取到更优惠的采购价格。

餐饮企业在招标前，应先明确招标的范围与相关数额；在招标过程中，必须遵循公平、公正与公开的原则，任何部门或个人不得擅自篡改相关规定，务必合理合法地开展招标工作。

在招标工作中，有几大基础概念需要明确，具体如表6.1-1所示。

表6.1-1　招标过程中的几大基础概念

| 概念 | 释义 |
| --- | --- |
| 招标人 | 依照《招标投标法》的规定提出招标项目、进行招标的法人或者其他组织，自然人不得为招标人 |
| 投标人 | 响应招标、参加投标竞争的法人或者其他组织。依法招标的科研项目允许个人参加投标 |
| 标书 | 招标文件或投标文件 |
| 封标 | 把投标文件封装起来 |
| 流标 | 招标失败，词语中的"流"与"流拍"的"流"字意思大致相同 |
| 资审 | 资格审查的简称，即对投标人进行的资格审查 |
| 中标 | 即招标人向中标人发出中标通知书 |

正常情况下，要想开启项目招标，招标人必须根据相关规定履行项目审批手续。招标人可以结合实际情况，选择自行招标，或者委托代理公司办理招标事宜。如果选择自行招标，企业采购人员需要具备编制招标文件、组织开展招标的能力。如果委托代理公司办理招标事宜，在挑选代理公司的时候，需要留意对方是否具备从事招标代理业务的营业场所和注册资金，以及是否具备能够编制招标文件和组织评标的专业资质。对于依法必须进行招标的项目，招标人自行办理招标事宜的，应当向有关行政监督部门备案。

当招标形式确定了，履行审批手续后，即可发布招标公告或投标邀请书。如果选择公开招标，发布的就是招标公告；如果选择邀请招标，发布的就是招标邀请书。

图6.1-3所示为招标公告包括的关键信息。

| 招标单位基本信息 | 招标文件 | 公告期限 |
| --- | --- | --- |
| 1 名称 | 1 时间 | 1 投标截止时间 |
| 2 预算 | 2 地点 | 2 开标时间及地点 |
| 3 采购需求 | 3 方式 | 3 项目联系人 |
| 4 投标人资格要求 | 4 文件售价 | |

图6.1-3 招标公告包括的关键信息

餐饮企业采取联合招标的形式能争取到更优惠的价格，杜绝采购过程中徇私舞弊的不良现象，还能获取更多的供应商资源。当然，手续烦琐、耗时较多则是招标采购的弊端，因此企业需要结合自己的实际经营情况，做出科学合理的决策。

### 6.1.4 供应商长期合作采购

巧妇难为无米之炊，优质的食材是餐饮企业经营的命脉。美味佳肴的最终呈现离不开色香味的作用，餐饮企业供应链的完整与健康也离不开稳定可靠的供应商。

餐饮业十分注重品牌效应，重视口碑的餐饮企业一般都会精心挑选出几家优质供应商进行长期合作。

作为餐饮界的楷模，海底捞一直是其他品牌争相学习的对象。在海底捞的食材供应商名单中，颐海国际的名字赫然在列。

颐海国际成立于 2005 年，是海底捞餐饮集团旗下的独家底料供应商。颐海国际在成立之初，其业务还只是为海底捞供应火锅底料。直到 2007 年，颐海国际拿到了"海底捞"商标的无限使用权。

在海底捞品牌的加持下，颐海国际的发展如日中天。两家企业的合作已不仅仅局限于火锅底料。自 2017 年起，双方又在方便速食领域加深了合作。

2017 年，海底捞自热火锅惊艳亮相，迅速成为市场爆款。在众人深深沉浸在其浓郁厚重的口感中无法自拔之时，颐海国际乘胜追击，于 2020 年推出海底捞螺蛳粉，又一次俘获了一大批"吃货"的心。

在海底捞迅速崛起并不断发展壮大的背后，餐饮企业与供应商以长期合作的方式实现了利益捆绑与优势互补。餐饮企业与供应商之间的合作越深入，合作领域越广泛，双方就越能稳定长远地发展，从而占领更多市场份额，达到双赢目的。

当然，长期合作也应建立在彼此信任的基础上。餐饮企业在选择供应商的过程中，应遵循"门当户对"的原则。餐饮企业应要求供应商提供的食材符合以下几点标准。

（1）品质良好。食材新鲜，用料讲究是餐饮企业能够在激烈的市场竞争中杀出重围的关键。

（2）价格实惠。垂直化的合作模式可以有效减少中间环节，使餐饮企业获得最实惠的价格。

（3）供应链稳定。供应商需要具备足够的生产能力，保证餐饮企业的日常经营需求。

（4）具备创新能力。创新是企业永葆生机的秘诀，供应商需要适应瞬息万变的市场需求，不断推陈出新。

### 6.1.5 直接向农户采购

随着生活水平的不断提高，顾客对食材品质的要求也越来越高。顾客希望在吃饱的基础上，更要吃好。过去，由于资源稀缺匮乏，"吃好"的定义是对大鱼大肉等高蛋白食品的追求。放眼当今，"吃好"已不单是指味蕾上的满足，还代表着对健康、多元化的追求。

对于采购部门而言，最具竞争优势的食材应具备以下特征。

（1）新鲜。从产地到餐桌，一步直达，没有过多的中间环节，把食材第一时间呈现在顾客面前，保留其最好的状态和口感。

（2）健康。现代人"三高"问题频发，多数是因为摄入了过多的高热量食物。在日常的饮食中，应注意荤素搭配，多吃有机蔬菜和水果。在不少城市中，素菜馆早已成为人们的新宠。采用各类新鲜低脂的谷物与蔬菜所制作成的菜品，极大限度地保留了食材最本真的味道，顾客在大快朵颐的同时还可以免除对健康问题的担忧。

（3）减少中间商赚差价。食材采购应没有过多的人员参与，采购环节越少，效率越高，成本越低。

（4）物流方便快捷。对于新鲜果蔬，应实现从生产基地到最终供应的一站式短途运输。对于易腐烂变质的海鲜、肉制品等，应做好密封冷冻等工作，以保证食材的新鲜度。

满足以上几点特征的食材，大多可通过直接向农户采购获得。农户直采模式的优势十分明显，可以实现农户与餐饮企业的共同受益。

站在农户的角度，餐饮企业的直接采购能使农作物的销路得到保障，调动生产的积极性。同时，减少了中间商的压价环节，餐饮企业将部分利润让利给了农户，农民的收入增加后可以扩大种植规模，提高种植质量，有利于促进农商联合。

对餐饮企业来说，直接向农户采购，最直观的优势在于缩减了采购成本，更方便从源头把控食材品质，进一步提升企业的竞争力。

直接向农户采购的优势虽明显，但餐饮企业也不能马虎大意，必须制定科学合理的采购标准，包括对各类农作物的生长季节、生长周期、农户种植计划、产量等环节进行综合考量与分析，大体包括以下几个因素，如表6.1-2所示。

表6.1-2　直接采购模式需要考虑的因素

| 品类 | 考虑因素 | 考虑内容 |
|---|---|---|
| 果蔬类 | 种植品种 | 市场需求怎么样，是否能够受到消费者的青睐 |
| | 种植面积 | 单一农户产量如何，从采摘到运输的过程中将造成多少损耗 |
| | 合作农户 | 该农户的种植规模如何，是否讲信誉，是否适合长期合作 |
| | 生长时间 | 该农作物的一个生长周期有多长，一次产量有多少，能否做到及时供应 |
| 肉类 | 养殖品种 | 市场需求怎么样，是否能够受到消费者的青睐 |
| | 养殖面积 | 单一养殖户产量如何，从屠宰到运输的过程中将造成多少损耗 |
| | 合作养殖户 | 该养殖户的养殖规模如何，是否讲信誉，是否适合长期合作 |
| | 生长时间 | 该生物的一个生长周期有多长，能否做到及时供应 |

通过对上述信息的掌握，餐饮企业必将对所合作的对象有初步的判断，随后的采购工作也将会更加有条不紊地推进。

## 6.1.6　自建原料基地

近年来，面对风云变幻的行业情况，各大餐饮企业八仙过海，各显神通。但大幅上涨的原料价格如同一座无形的大山，沉重地压在采购人员的身上。如何在保证采购品质的同时有效降低成本，这个问题是餐饮经营者需要面对的终极考验。不过，一些餐饮企业经过不断地思考与实践，已经探索出了新的出路，那就是自建原料基地。

与第三方供应不同，自建原料基地能把控食材的品质，降低市场结构调整所带来的价格波动及其他不确定性因素带来的风险。在北方，经常能看到一些独具特色的农家乐。绿油油的菜地里，生长着农家自己种植的瓜果蔬菜，这些瓜果蔬菜既新鲜又没有农药残留。原汁原味、绿色健康的食材吸引着大批向往田园之乐的顾客前往光顾。

对于餐饮企业而言，总部自建原料基地除了能确保食材的新鲜外，食材成本相对第三方采购也更低。从原料的种植到品控、运输配送，都由总部统一操作，整个采购系统形成完整的闭环，每个环节都由餐饮企业自主把控。

自建原料基地模式虽好，但实施起来仍有难度。多数餐饮企业的供应链仍处于初级状态，尚不能做到对各个环节的精准深耕，而自建原料基地至少需要具备一些基础性的能力。

图 6.1-4 所示为餐饮企业自建原料基地需要具备的能力。

图6.1-4　餐饮企业自建原料基地需要具备的能力

当餐饮企业规模扩大后，具备一定的资本和经验时，才能逐步采用自建原料基地的模式。

## 6.1.7 采购 APP 上自助采购

采购 APP 是这个时代的特色。依靠先进的移动互联技术，餐饮企业不必再为了寻找合适的供应源头东奔西走，更不需要再为计算成本与库存而忙得焦头烂额。在采购 APP 上，餐饮企业可以轻松地获取来自世界各地的供应商信息。

通过采购 APP 自助采购，只需一部手机就可以轻松完成。通过手机登录采购平台，企业能根据自身需求找到合适的商品和供应商，还可以第一时间掌握商品的最新价格以及库存情况。企业以此为依据，制订采购计划，并对采购商品进行台账管理、在途管理以及库存管理，从而实现采购工作的自动统计分析。

通过采购 APP 自助采购，餐饮企业可以缩短采购时间，整个采购流程也更加方便、快捷。

对于餐饮企业来说，采购 APP 无疑是工作中非常重要的工具。但市面上的采购 APP 种类繁多，让人眼花缭乱，餐饮企业该如何选择适合自己的采购 APP 呢？首先采购 APP 需要做到能让餐饮企业在每个采购环节中都可以实现与供应商的实时协作，并且能够掌握最新的货品状态。此外，最关键的是还要容易上手，好操作。

为更加清晰、直观地找到合适的采购 APP，餐饮企业还可以从以下几个方面进行综合考量。

（1）采购需求统一管理。利用统一入口，管理餐饮企业内部采购需求，集中收集与汇总采购信息，降低采购成本。采购申请流程化管理，历史记录随时可查。

（2）采购报价便捷。餐饮企业可根据实际需求制定个性化报价模板，餐饮企业下发采购需求后，手动选择供应商发起报价。供应商输入价格后，自动生成比价单，比价结果公开透明。

（3）发货、入库、退货流程同步管理。供应商一键发货，系统自动生成发货单，餐饮企业实时收到发货信息，无须手动输入，核对好信息后点击"确认"即可。

（4）对账、发票、付款流程化管理。餐饮企业与供应商可以实时在线对账，所有发票单据实现云端存储，可随时调取核对。

采购 APP 不仅简化了采购流程，更是对餐饮企业财务、仓储、物流与品控等多个环节起到了支持的作用。国内外无数餐饮企业的成功案例证明，企业通过采购 APP 自主采购的模式在降低成本、提高商业效率方面更具潜力。

# 6.2 如何控制采购成本

有数据显示，部分餐饮企业的采购成本降低 1% 时，利润相对可以上升10% 甚至更高。对于有经验的企业管理者来说，采购不仅仅是一个支出费用的环节，更是提升企业利润的关键步骤。做好采购成本控制对于餐饮企业而言意义重大。

## 6.2.1 从采购质量上控制成本

采购成本越低，企业获得更多利润的可能性也就越大。但提到控制采购成本，陷入思维误区的餐饮经营者总会想到购买低价的原材料。尽管这样能降低采购成本，但产品的品质也会随之降低。忽略品质，以次充好，必然会造成商业信誉的缺失，带来无形的亏损。

众所周知，地道的北京烤鸭要数百元一套，但同样，在一些不起眼的小地方，二三十元也能买到一只烤鸭，这是因为鸭子的品质不同。

正规商家对于鸭子的品质要求十分严格，从生产基地到喂养饲料、生长周期、重量，最后到烤制的时间与工艺，层层把关。每一道程序都会产生一定的成本。

相反，一些不正规的商家为了降低成本，用低于市场的价格购进病鸭、残鸭，为了增加鸭子的重量，还会往鸭肉中注水。顾客在尝试过一次这样的烤鸭之后，往往不会再光顾。久而久之，这个烤鸭生意也就做成了所谓的"一锤子买卖"。

由此可见，餐饮企业控制采购成本的关键并非单纯地压低价格，而是要严把质量关，这是间接提升餐饮企业核心竞争力，降低成本最明智的选择。

餐饮企业可以从以下几个方面入手，合理地把控质量与成本。

（1）餐饮企业应规范采购流程，科学合理地制订采购计划。采购之前，餐饮企业要多方询价，综合对比，以合理的价格购入商品。如果采购价格过高，成本的上升将会缩减利润空间，影响后期销售。但采购价格过低，商品的品质无法得到保证，企业的市场竞争力会因此而降低。

（2）餐饮企业应通过提高采购的周转率带动资金的周转。科学规划采购数量和时间节点，在保证供应链有序运转的同时，减少库存，提高资金的流通效率。

（3）餐饮企业需多关注市场的最新行情动态，鱼与熊掌要兼得。在采购时，货比三家，品质、价格与服务三者综合考虑，横向对比，筛选出最适合自己的供应商。

## 6.2.2 从采购价格上控制成本

价格是撬动成本杠杆最重要的支点。餐饮业的商品生产周期通常较短，且易受环境与季节等因素影响。餐饮企业应在保证质量的同时有效地降低采购价格，达到开源节流的目的。

餐饮企业可以试着从以下方面着手降低采购价格。

（1）把握价格变动的规律。食材价格受季节变化影响较大，例如冬天北方的青菜价格就会猛涨，有些青菜的价格甚至超过了肉类。此时，人们通常会在晚秋时节储存大量白菜、土豆等价格低廉的蔬菜，这类蔬菜既方便储存，又物美价廉。餐饮企业可以借鉴类似经验，避开价格高峰期进行采购。

（2）通过付款方式降低采购价格。通常情况下，如果餐饮企业资金充裕，可以与供应商协商以现金或者货到付款的方式进行结算，这种方式一般都会争取到更多的折扣。

（3）平时要多做功课。餐饮企业应从多个角度了解供应商的经营情况，对从产品质量到对方的商业信誉、产品交付情况都要有清晰的认识和把握。随着彼此之间的了解和合作的不断深入，餐饮企业可以考虑签订长期合作协议，这样一来，双方的关系更加紧密，合作趋向稳健，往往也能争取到更多的优惠政策。

### 6.2.3 从采购数量上控制成本

采购数量是餐饮企业在一个阶段内需要采购的物料总量。采购数量直接关系到预算与库存的制定。

采购数量可以通过公式推断得出：

本期应购数量 = 本期生产所需材料数量 + 本期预定库存量 – 前期预估库存量 – 前期已购未入库存量

**1. 影响采购数量的主要因素**

每个采购周期都是全新的采购起点，餐饮企业对于自身需求要具备清晰的认知，通过科学合理的计划对本期应购数量做出计算与评估。为此，餐饮企业首先需要明确影响采购数量的主要因素。

（1）通过对营业额的预估，反推出需要采购的物料数量。

（2）定期盘点库存，保证采购数量的准确性。

（3）由于温度与天气对于生鲜食品有着重要影响，餐饮企业需要依照天气的情况确定采购数量，避免因高温天气导致食材腐烂变质。

（4）对于一部分加盟商来说，在采购前需要充分了解当地的消费结构，因地制宜地制订采购计划。

**2. 采购方法**

餐饮企业在采购时，应选择适合的采购方法。

（1）定期采购法。对于一些耐储藏、保质期较长的食材，餐饮企业可以选择每季度、每月或每周订购一次等定期的方式进行采购，这种方法被称为定期采购法。在使用定期采购法时，餐饮企业必须对食材未来的需求数量做出正确的预估，否则会造成存货过多，资金积压的现象。

（2）定量采购法。对较为常用的食材，可以总结一个阶段内的固定消耗数量，计算出平均值，下一次即可把握好该种食材的采购数量。

（3）经济订货批量。经济订货批量指通过平衡采购成本和保管仓储成本，以实现总库存成本最低的最佳订货量。经济订货批量是固定订货批量模型的一种，可以用来确定餐饮企业一次订货（外购或自制）的数量。当餐饮企业按照经济订货批量来订货时，可实现订货成本和储存成本之和的最小化。

# 6.3 采购中的食品安全控制

食品安全是餐饮业绕不开的话题。餐饮企业在面对食品安全问题时，神经应始终绷紧，不能有丝毫马虎。

## 6.3.1 从供应商环节控制

食品安全是餐饮企业立足市场的根基，无论一家餐饮店有多么丰盛的菜品，菜品如何色香味俱佳，如果没有安全保证，其内在质量都是脆弱空虚的，经不起市场和顾客的考验。

食品安全决定着餐饮企业的生存空间。一家餐饮企业所能做到的，是在其管理范围内对食品安全进行控制。食品安全控制在某种程度上也相当于经营领域的风险管控，涉及供应商、原料、设备以及环境等多环节的标准化操作与科学决策。

图 6.3-1 所示为影响食品安全的几大环节。

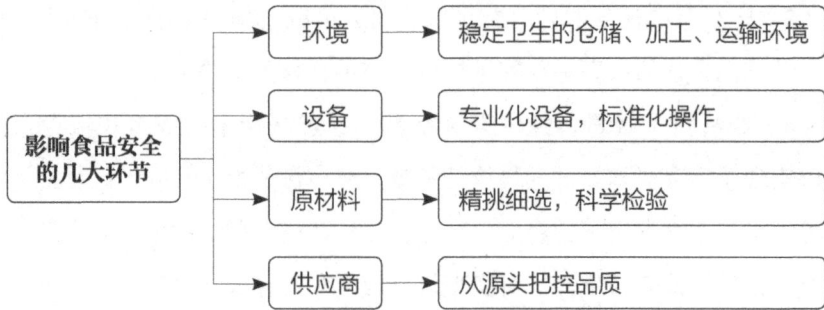

图6.3-1 影响食品安全的几大环节

供应商是食品安全控制的源头，餐饮企业对于供应商的甄选与管理是否严格规范，决定着整个食品安全控制流程能否顺利开展。

采购部选择供应商时，应对供应商的品牌、信誉、规模、销售业绩、研发等进行详细调查。在鉴别产品品质这一环节，采购部不能仅凭自身能力对原料开展各项检测，需要将原料送至品控部，以专用设备对原料进行各项指标的检测，由此鉴定供应商所提供的原料是否安全。

在采购部初次选择后，品控部通常也应对供应商的生产环境、生产条件以及工艺流程等环节进行审核，对食品可能出现的安全问题进行严格的控制和把关。

### 6.3.2 从原料采购环节控制

在餐饮企业的采购过程中，需要对原料进行抽检。这需要采购人员掌握一定的食品鉴别技能，熟悉各项采购规范和相关标准。此外，丰富的实践经验和克己奉公的职业操守对于采购人员而言也是必不可少的。

餐饮企业在采购过程中应遵循以下几点操作规范，以准确判断原料是否存在质量问题，有效控制食品安全。

**1. 严格审核供应商资质**

主要的供应商资质包括食品流通许可证、食品生产许可证、营业执照等。此外，还要审查原料是否具备产品合格证及安全标识，索取相关复印件以归档留存。对于应当接受检验检疫的原料，供应商还应当提供由权威机构出具的检验报告。

**2. 原料抽检**

任用专业的检验机构人员进行原料抽检，并出具检验报告，判断原料是否存在质量问题。

**3. 对原料包装标识进行查验核对**

原料包装标识的查验核对主要包括以下内容。

（1）商品名称、生产厂商和生产厂址。

（2）产品质量检验合格证明以及安全认证标志。

（3）限期使用商品的生产日期、安全使用期（保质期、保鲜期、保存期）和失效日期。

**4. 原料质量**

检查原料的外观质量，对包装不严实或不符合卫生要求的，要及时予以处理；对过期、腐烂变质的原料，应立即停止使用，并进行无害化处理。

### 6.3.3 从原料验收环节控制

原料验收需要执行一系列规范化的操作标准，只有符合验收标准的原料才能获准入库，不符合验收标准的原料则应退回供应商。

原料验收有系统的验收标准，不同的原料类别应执行不同的验收方案。验收时，验收人员应确认运输车辆温度与清洁度等情况，验收区宜备有秤、温度计、计算器、数量表、厂商出货单、相关认证及检验报告数据、验收记录表等相关工具，验收人员应依验收程序填写记录表。

此外，原料入库前后的工作在整个验收环节中同样占据着至关重要的地位，具体如表 6.3-1 所示。

表6.3-1  原料入库前后的工作

| 项目 | 注意事项 |
|---|---|
| 入库前 | 确认品名、数量、规格、重量 |
| | 对于验收不合格的原料应由验收人员和供应商共同签字确认后进行统一处理 |
| | 运输原料的车辆的卫生与内部温度必须符合标准，验收人员按要求填写检查报告单 |
| | 对不合格原料设置专区进行集中堆放 |
| 入库后 | 做好温度监控，按照不同原料的情况进行储存 |
| | 做好卫生安全防控，如原料的定期翻堆盘点，离墙离地摆放等 |
| | 对于部分过敏原原料要设置堆放专区，并制作标识，避免原料出现交叉污染 |
| | 对于食品添加剂要建立单独的台账，实现专人、专柜、专册管理 |

原料入库前后的工作应交由同一个团队负责，确保其工作权限、能力和责任心充分到位，为餐饮企业构筑食品安全控制的大门。

# 6.4 完善采购制度

完善的采购制度应如同科学、全面的产品说明书，能使采购人员对于采购的每个工作事项和背后的指向标的都做到一目了然。

## 6.4.1 如何制定完善的采购制度

制度是一种操作标准，旨在帮助和指导相关人员如何做好这项工作。餐饮企业采购工作能否顺利开展，并不取决于某个人在某一时间的决策，而取决于其是否拥有一套完善的采购制度。

一套完善的采购制度，至少需要具备以下 4 个基本条件。

（1）审批流程清晰，权责明确。不少采购制度中都有这样的描述："应由财务部门签字。"但究竟应由财务部门的哪位责任人签字，是财务总监，还是财务经理？类似的制度描述不够细致、严谨。而好的采购制度应该是明确的、清晰的，可以直接用于指导工作的。

（2）根据实际情况，实时更新采购制度。采购制度确定后并非是一成不变的，而应结合餐饮企业的发展时期、供应链的成熟度以及财务预算等因素进行更新与调整。

（3）分门别类地实行管控，提高采购效率。面对不同品类的原料，采购制度应有所区分，制定不同的审批流程和分级管理策略。

（4）群策群力，让参与采购过程的人员加入采购方案的制定。制度应能帮助所有人工作，必须详细具体，其形成应该来自相关员工的支持，而并非某个人的策划。好的采购制度要经过一线的实践和改良，应根据实操人员的意见加以调整。

## 6.4.2 如何处理采购中的漏洞

采购对餐饮企业运营管理起着关键性的作用。繁杂的采购环节中，偶尔会有一些由于主观疏忽或客观原因导致的漏洞出现。以下是采购工作中最常出现的几个漏洞以及相应的解决方案。

（1）供应商未在指定期限内送达货物，拖慢生产进度。餐饮企业在与供应商签订采购协议时，要了解供应商的发货渠道和发货信息，掌握货物运送进度，避免因延迟到货影响经营。

图 6.4-1 所示为导致延迟到货的因素。

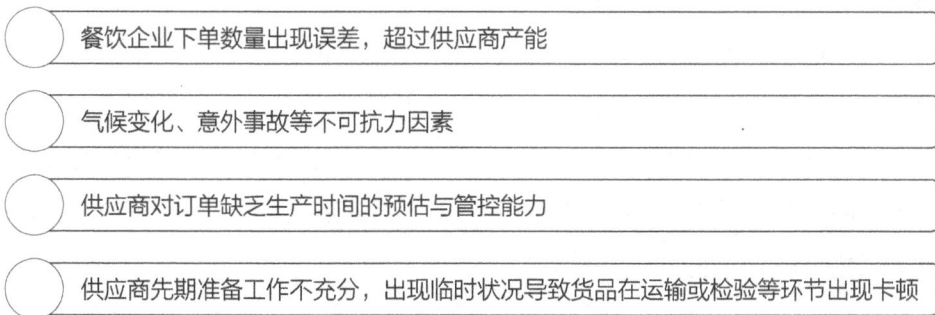

餐饮企业下单数量出现误差，超过供应商产能

气候变化、意外事故等不可抗力因素

供应商对订单缺乏生产时间的预估与管控能力

供应商先期准备工作不充分，出现临时状况导致货品在运输或检验等环节出现卡顿

图6.4-1 导致延迟到货的因素

为避免延迟到货对生产产生影响，采购人员需要全面掌握货物的物流信息，根据餐饮企业的实际情况制定更高效的运输方案。如果由于供应商的错误或买方订单跟踪错误出现差错，采购人员则需要及时与生产部门沟通，调整生产，将损失降到最低。

（2）到货后验收不合格。货物验收不合格有两种可能，一种是品质不合格，另一种是数量对不上。如果是品质不合格，采购人员可以与供应商协商退换货；如果是数量对不上，采购人员除了要与供应商进行对接清点外，还应考虑是否与物流公司弄丢货物有关。

正常情况下，运输问题由供应商负责处理，这样可以为采购工作争取更多的利益。如由买方负责运输出现的问题，经过第三方核查，确定是物流公司的责任，买方计算损失后可直接向物流公司索赔。

（3）其他客观因素导致采购计划临时变更。销售及生产等环节的变动可能导致餐饮企业采购进度加快。该类情况需采购人员掌握一定的供应商资源，在最短的时间内筛选出满足采购条件的供应商。同时，采购人员还需把握好物流节奏，选择最快的运输方式将货物送达。

### 6.4.3 如何处理采购危机

在日常的采购工作中，餐饮企业可能会面对突发状况，如货品不能按时交付、质检不合格等。面对这些危机，采购人员首先应保持冷静，不受外界环境影响，进而寻求最佳的解决方案，将损失降到最低。

有问题就一定会有解决的方法，餐饮企业可以采用以下方法轻松化解危机。

（1）集结专业人员，多点击破。如果问题比较复杂，不能凭个人的力量得到解决，就需要寻求相关人员的帮助，从不同的角度对问题进行剖析，从而找到最佳的解决办法。

（2）建立危机画像。明确危机发生的时间、地点、涉及人员、严重程度以及将会带来哪些损失等情况，从而建立危机画像，方便掌握事件全貌，提高解决问题的效率。

（3）制定临时解决方案，终止卡顿。如果短时间内找不到危机出现的根源，客观条件又不允许耽搁太久，可以选择临时性解决方案，加快危机处理进度。

（4）找到危机出现的真正原因。找到危机出现的真正原因之前，最好不要盲目改变现有的流程和制度。管理者应发现哪些环节的条件存在变更，哪项数据出现误差，以缩小可能出现问题的范围，从而锁定导致危机的真正原因。

（5）针对问题给出答案。采购人员应运用专业知识以及过往经验，针对问题提出不同的解决方案，并进一步分析执行方案所需要付出的诸如时间、成本、人工等代价，从中选择出最佳的解决办法。

（6）总结经验，防止类似情况再发生。餐饮企业应制定突发危机应急档案，将此次出现的问题以及问题背后的管理漏洞加以列举，对解决办法进行编辑汇总，以防类似情况再度发生。

# 6.5 采购中的仓储管理

餐饮业的原材料多为食材，其质量受仓储环境、温度、湿度等因素影响较大。此外，餐饮企业还应考虑部分原料的特殊性质，对不同类别的原料进行分区保存。

## 6.5.1 采购原料如何分区保存

众多食材中，肉类因容易腐烂变质需要冷冻储藏，其中鱼类又因为腥味较重，不能与其他类别的食材放置在同一区域，需要设置单独的储藏区。

为做好原料分区，餐饮企业应制定完备的出入库管理制度，还需要明确原料的库位分区，并对原料的相关数据进行实时统计更新。

库位分区是指餐饮企业针对库房的实际情况，对其进行面积以及功能区域的划分，以便将不同类别的原料储藏在特定的区域，方便库存管理。

做好库位分区之后，餐饮企业可对有关原料的名称、数量、规格以及出入库信息等建立库存物料统计表加以统计。

仓库管理人员在填写库存物料统计表的过程中，有以下几点注意事项。

（1）仓库管理人员需按照企业规章制度填写物料数值。

（2）仓库管理人员需根据物料的出入库情况，及时填写统计表。

（3）任何人员不可擅自更改表中的公式等基本设置。

（4）每日更新的统计数据须按时上报采购部门，协调好仓储与采购两个部门之间的工作。

### 6.5.2 采购原料如何保鲜

原料保管工作中，合理分区与统计非常重要，另一项工作也不可忽视，即对原料进行保鲜。

为此，餐饮企业首先应了解原料"新鲜"的定义，从而有的放矢地采取原料保鲜措施。

**1. 原料新鲜的构成要素**

原料"新鲜"的构成要素包括以下 3 个部分。

（1）口感。以苹果为例，刚从树上摘下不久的苹果口感清脆、汁水丰富。但是放置一段时间后，苹果的表皮会出现黑斑，果肉也会变得干涩，微微发苦，这就表示苹果已经不再新鲜了。

（2）安全。指食材未出现腐败变质的现象，没有产生毒素。

（3）营养。指食材本身所含蛋白质、维生素等营养物质未流失。

**2. 不同的保鲜方法**

为保证原料新鲜，可以对不同类别的原料采取不同的保鲜方法。

（1）肉类保鲜。新鲜肉类保鲜的最佳温度是 3℃~5℃，这个温度可以让肉类保持最佳的品质。保鲜期限最好不超过 24 小时。若长久不使用，需要低温冷冻保存，储存温度以 –18℃ ~–10℃为宜。

（2）蔬菜保鲜。蔬菜在保存之前不需要清洗，可以用保鲜膜或保鲜袋包好放在冷藏室中。蔬菜和果品应放置于温度较低而湿度较高的冷藏室下部。

（3）调味品保鲜。大蒜、葱、姜、辣椒大多为调味品，保存时最好能保持原貌，存放在室内阴凉通风处。

表 6.5–1 所示为常见原料的保鲜条件。

表6.5–1　常见原料的保鲜条件

| 原料类别 | 温度（℃） | 湿度（%） |
|---|---|---|
| 奶制品 | 3~8 | 75~85 |
| 新鲜肉类 | 3~5 | 75~85 |
| 水产类 | –1~1 | 75~85 |
| 蔬菜水果 | 2~6 | 85~95 |

餐饮企业应根据上述保鲜条件，针对不同食材采用不同方式完成保鲜工作。

# 6.6 人事管理，打造餐饮店强大人气团队

由于餐饮业普遍比较辛苦，不少年轻人本能地抗拒从事相关工作，这直接增加了餐饮业人事管理的难度。

## 6.6.1 如何招人，为餐饮店打造强大的团队

如今，虽然不少餐饮店给出的薪资待遇极具诱惑力，但依然很难招到人。面对招人难的问题，餐饮经营者理应从自身的角度出发，改变原有的认知观念，另辟蹊径，制定出更加完善的招聘方案。

餐饮经营者可以从以下角度出发，制定招聘方案。

（1）"钱途 + 前途"，高工资与晋升机制相结合。餐饮业的激烈竞争从

未衰减，未来几年，餐饮店要想吸引人才、留住人才，高工资是敲门砖。为了选拔合适的目标候选人，餐饮店可以减少岗位，提高工资待遇。

分红模式、合伙人模式也是招聘过程中吸引人才的有利条件。餐饮店可以通过高工资与开放性的晋升机制强强联合的运营模式形成招聘竞争优势。

（2）用小时工代替全职工。餐饮店可借鉴肯德基与麦当劳的用人模式，聘用小时工代替全职工，工作时间可以灵活分配，但在用餐高峰时段应给出高于平常时段的工资。如此，既可以解决人手不足的问题，还可以降低人工成本。

（3）提升品牌形象，"树大"才好招人。餐饮店招聘除了要做好品牌宣传，更要顺应时代趋势。品牌营销、策划、造势的调性要符合年轻人的审美标准，这样才更容易吸引人。例如，打造"网红"店、品牌连锁店、文化元素店等，吸引年轻人群。

## 6.6.2 如何留人，让餐饮店团队稳定

餐饮店想留住人才，要从多个角度着手：既要给出丰厚的条件，还要充分了解员工的个性特征，结合不同环节的工作属性，让适合的人做最擅长的事。

图 6.6-1 所示为餐饮店留住人才的要点。

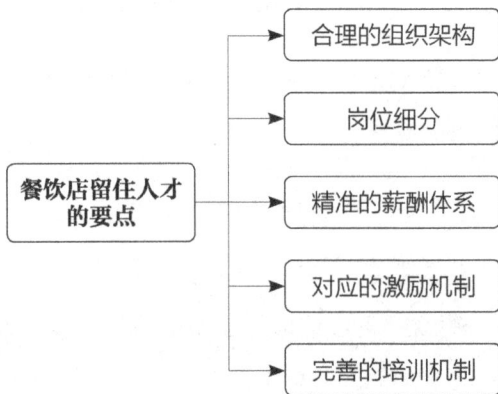

图6.6-1　餐饮店留住人才的要点

首先，餐饮店要奠定好人事考核的基础，搭建合理的组织架构。这个环节很关键，决定着餐饮店以后的运营模式和盈利模式。在形成合理的组织架构之后，餐饮店需要根据实际的运营需求进行岗位细分。

岗位细分包括每一级架构里每个部门的职能和工作标准，每个部门的人力配置，每个岗位的职责和工作标准。有了可量化的工作标准，就能制定相应的考核机制。哪个人对应哪个岗位，负责哪些工作等内容，都将变得清晰明了。

此外，还应设计精准的薪酬体系，以及每个部门对应的激励机制。有竞争力的薪酬体系，既有利于餐饮店引进人才，又有利于调动员工积极性。这需要人事部门熟练掌握餐饮行业的工资标准、薪酬模式、激励机制等多个模块。同时，人事部门也需要精通成本核算，这样才能在利润和薪酬之间找到最佳平衡点。

餐饮店要留住人才，还需要建立完善的培训机制。培训内容包括新员工入职培训、相关话术培训、员工职业技能提升等，争取让每一个员工入职后都能有所受益并迅速融入团队。

### 6.6.3 如何奖惩，让团队成员一条心

团队水平的高低，很大程度上取决于团队领导人的眼界和认知。团队能不能发展壮大起来，取决于团队成员是否团结。完善的奖惩制度，可以提升团队成员的积极性，使团队成员做到一条心。

任何一个团队，在明确使命、愿景的同时，还需针对团队业绩的考核建立严格的奖惩制度。考核必须兼顾个人和团队。设立个人考核指标可以让团队成员之间形成竞争；设立团队考核指标可以让成员团结协作。在通常情况下，设立奖惩制度应按竞争占30%，协作占70%的比例进行，避免过多的内部竞争不利于团队发展。

团队绩效考核可采用"过程控制点，结果控制面"的方式进行。所谓过程控制点，是指平时以直接奖励或罚款的形式，对团队成员进行奖励或惩戒；结果控制面，是指通过分析目标的达成率、时效性、质量、难易程度和对组织的

影响程度来进行考核。团队的考核结果直接影响团队总体的奖金，然后结合团队业绩和个人业绩的考核结果，将奖金分配到个人。

除此之外，在设置的奖惩制度过程中，不可忽视以下 3 个原则。

（1）任何惩罚都不能对员工进行人身伤害和人格侮辱。

（2）奖惩制度的制定要符合团队的实际情况，并且要得到多数成员的支持，不能直接照搬其他企业的标准。奖惩制度制定了就要严格执行，不可朝令夕改。

（3）奖惩本就是把"双刃剑"，要合理运用，让人心服口服。餐饮经营者应牢记奖惩的最终目的是激励个人与团体发挥出更大的价值。

### 6.6.4 如何管人，让不合格员工淘汰

餐饮店制定流程化作业模式，不仅能规范团队人员的日常工作，还能保证店内所有工作做到有章可循，进而专业细致地服务好每位顾客。

餐饮店利用流程化的作业模式可对团队成员进行科学管理。

**1. 人员管理的关键点**

以下是餐饮店在人员管理过程中需要注意的几个关键点。

（1）深入了解每个员工的特性。知人善用是团队管理者需要具备的基本能力。如果管理者不能充分了解每个员工的个性和处事风格，不能将其分配到合理的岗位上，就难以发挥员工的优势。在餐饮店的员工团队中，有人手脚麻利，干活勤快；有人善于沟通，待人和善，但动手能力不如前者；还有一种人，既不擅长沟通，又不擅长干活，但形象好气质佳，迎来送往自成靓丽风景，可以吸引顾客到店。作为管理者，理应熟悉店内每个员工的特长，并将其分配到合适的岗位，将员工价值发挥到最大，从而促进餐饮店的发展。

（2）每项工作都有对应的责任人。餐饮店的每项工作都要有具体的时间节点要求，并明确相关的责任人。时间节点的设定能提高成员的工作效率，促使其养成今日事今日毕的好习惯，快速从工作中获得成长。

（3）梳理工作内容和细节。很多餐饮店都要求员工提前 20~30 分钟到

岗，并由店长亲自负责考勤。在开始正式营业前，服务员需更换工作服、整理个人仪表、化淡妆等，后厨员工则需要清点和整理食品原材料、打扫卫生、备好工具等。

餐饮店每天还应填写相关数据账单，如填写日销售报表、当天的食品材料使用记录、补货单、顾客预订单、顾客信息反馈表等。

**2. 淘汰不合格员工的"三部曲"**

在严格规范的管理制度之下，对于那些不符合工作要求的员工，则需要进行劝退。这个环节需要遵循人事管理中的淘汰"三部曲"。

图6.6-2所示为淘汰不合格员工的"三部曲"

图6.6-2　淘汰不合格员工的"三部曲"

（1）态度真诚，安抚好对方的情绪感受，措辞不宜太激烈。

（2）安排好该员工离职后的一系列工作。如果该员工是在试用期，则可以直接解除劳动合同；如果该员工已经转正，则需要根据劳动合同约定以及《劳动法》做出一定补偿。

（3）做好人事交接，安排好该岗位的接替人员。

# 第 7 章

# 餐饮店食品安全控制：
## 安全是餐饮的根基

　　餐饮安全不单单是指食品的安全，也包括人员健康的安全、采购的安全和食材存储过程中的安全等内容。餐饮经营者了解餐饮店可能出现的安全问题及其原因，就能在日后的经营管理中少走弯路。

# 7.1 餐饮店人员健康安全管理

餐饮业必须着力防控传染病。在招聘新员工时，为保障餐饮店的合法权益和顾客的安全，应加强对聘用人员的健康安全管理。

## 7.1.1 新进员工健康检查

考虑到餐饮从业人员日常接触的人群较多，餐饮店对于新入职的员工一定要有健康方面的硬性规定，并配合好卫生防疫部门，组织新员工做入职体检。

入职体检的目的在于通过体检，保证新员工的身体状况适合其所从事的餐饮工作，在餐饮工作中不会引发传染病，也不会因个人身体状况影响其他人的健康。

员工是餐饮店的宝贵财富，体检既是餐饮店对员工关怀与爱护的体现，同时也是员工对自身和团体负责任的表现。为此，在员工入职之前，需要做好个人健康检查，办理餐饮从业健康证明（简称健康证）。

以下是新员工办理健康证的几大注意事项。

**1. 办理地点**

办理健康证的地点为当地疾病预防控制中心，或者是其他经行业主管部门审批准许承担预防性健康检查的医疗机构。

**2. 办理材料**

办理健康证需要提供身份证原件及一寸彩色免冠照片 2 张。

**3. 办理流程**

办理健康证需遵循一定的流程，具体如图 7.1-1 所示。

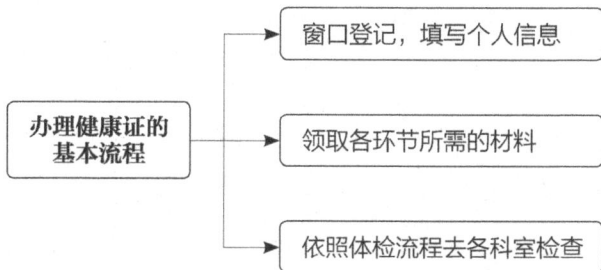

图7.1-1 办理健康证的基本流程

办理健康证的注意事项如下。

（1）体检涉及抽血化验，因此需要空腹。

（2）采血时间尽量选在上午 7:30~8:30，不超过 9:00。

（3）体检前避免剧烈运动，忌饮酒和吃肉类食物，以免影响肝功能化验结果。

（4）患有痢疾、伤寒、病毒性肝炎等消化道传染病的人员，以及患有肺结核、化脓性或者渗出性皮肤病等有碍食品卫生疾病的人员，不得从事接触直接入口食品的工作。

## 7.1.2 员工定期健康检查

定期为员工进行全面的身体检查，能让员工对自身健康状况有更详细的了解，做到"未雨绸缪""防患于未然"。餐饮店的从业人员，定期进行健康检查可以尽早发现一些传染病源，切断传播途径，既利人，又利己。

根据相关规定，餐饮从业人员每年至少要进行一次身体健康检查。餐饮店应依照《中华人民共和国预防性健康检查用表》的要求，安排员工到卫生监督机构指定的健康体检单位进行健康检查。

## 7.1.3 员工健康与卫生习惯培养

民以食为天，食以洁为先。餐饮业最需要注意的就是食物的卫生和安全。根据《餐饮服务食品安全监督管理办法》的有关规定，餐饮从业人员在日常工作中需要遵循以下卫生管理制度。

### 1. 卫生习惯

从业人员应养成良好的卫生习惯，随时保持整洁。个人卫生坚持做到"四勤、三不、三要、四坚持"。

"四勤"即勤洗手、剪指甲，勤洗澡、理发，勤洗衣服、被褥，勤换工作服。

"三不"即不准将非食品加工制作用品和个人生活用品带入操作场所，工作时不准戴戒指、项链、手链（镯）、耳环等饰物和涂指甲油，不准在操作场所吸烟、穿工作服进厕所及离开生产加工经营场所。

"三要"即上班时要穿戴整洁的工作衣帽，头发必须全部藏于帽内；加工制作冷菜等熟食食品和在配餐间操作时要戴口罩；直接入口的食品要用专用工具拿取。

"四坚持"即坚持卫生操作规程，坚持公用物品消毒，坚持湿式清扫，坚持漱口、刷牙、防口臭。

### 2. 直接操作人员洗手习惯

当操作人员需要直接接触食品时，应在遇到以下情形时正确洗手。

（1）处理食物前。

（2）上厕所后。

（3）处理生食食物后。

（4）处理弄污的设备或饮食用具后。

（5）咳嗽、打喷嚏或擤鼻子后。

（6）处理动物或废物后。

（7）触摸耳朵、鼻子、头发、口腔或身体其他部位后。

（8）从事任何可能会污染双手的活动（如处理货项、执行清洁任务）后。

### 3. 非直接操作人员洗手习惯

当操作人员不需要直接接触入口食品时，应在遇到下列情形时正确洗手。

（1）开始工作前。

（2）上厕所后。

（3）处理弄污的设备或饮食用具后。

（4）咳嗽、打喷嚏或擤鼻子后。

（5）处理动物或废物后。

（6）从事任何（其他）可能会污染双手的活动后。

此外，任何员工的个人衣物及私人物品不得带入食品处理区，不得在食品处理区吸烟、饮食或从事其他可能污染食品的行为。所有进入食品处理区的非加工操作人员，应符合现场操作人员卫生要求。

### 7.1.4 健康安全管理制度的制定

为加强餐饮店的健康安全管理，餐饮经营者应制定餐饮店的健康安全管理制度。这项制度既能够规范餐饮店的工作细节，起到指导安全操作的作用，又能为餐饮店的运营排除相关隐患，有利于餐饮店的稳定经营。

餐饮经营者可以从以下角度着手，制定健康安全管理制度。

**1. 餐饮店员工**

餐饮店员工每年至少进行一次体检，未取得健康证的人员不得聘用。后厨员工应注意安全操作，禁止持菜刀等利器嬉戏打闹，禁止在厨房吸烟。员工患病时应及时就医，不得带病上岗。

**2. 餐具器皿的统一管理**

餐具器皿应加强统一管理，其原则如下。

（1）餐具、杯具做到一洗、二清、三消毒。

（2）餐具器皿不得着地寄存。

（3）餐具器皿应在使用后立即清洗消毒，做到用一次清洗消毒一次。

**3. 刀具、机械的操作**

操作刀具、机械时，应遵循以下原则。

（1）操作刀具时应集中注意力，避免切伤手指。刀具应放置在刀架上且要防止坠落；不得将刀具放置在橱柜或抽屉内，以免误伤；不得以刀具代替开瓶器；不得牵强使用迟钝的刀具。

（2）要熟悉机械的操作方法，熟悉安全装置的相关知识，使用压力锅、蒸饭箱时要正确敞开，避免被蒸汽烫伤。

（3）熟悉用电常识，湿手不得操作带电设备和接触电源插座及开关，以免触电。

（4）严格遵守液化气、天然气安全运用规则，做到勤检查、不走漏，使用后关闭气阀，避免火灾。

### 4. 食物的加工过程

食物加工过程属于高风险过程，必须遵守以下规定。

（1）蔬菜整理后，应先洗后切，菜要洗净，避免泥土或昆虫夹杂在菜中。

（2）对于直接入口的食物，应使用专用餐具盛装、发放。

（3）在切制食物时，应生熟分开，菜板和刀具要保持清洁。

（4）食物必须烧熟煮透，隔餐隔夜须回烧。

（5）使用明火时，相关人员不得擅自离开岗位。

## 7.2 餐饮店食品采购安全管理

病从口入，祸从口出。摄入不洁或者含有害物质的食物，很容易造成人体各项功能的紊乱，进而引发疾病，因此餐饮店必须注重采购安全管理。

### 7.2.1 食品采购安全管理制度

餐饮店需要制定完备的采购安全管理制度，并将其作为食品的准入门槛。只有那些符合采购标准，没有安全隐患的优质食品才能放心地给顾客食用。

为此，餐饮店必须从食品的供应商入手，形成制度化的管理方式。

首先，建立食品安全考核制度。对餐饮店所采购食品的营养、卫生与新鲜程度进行综合考察和评估，以此来挑选出品质最佳的食品。该项制度的建立既有利于筛选合格、稳定的供应商，防止食品安全事故的发生，又有利于餐饮店的稳定经营，免除食品安全隐患的困扰。

其次，建立供应商资质审核机制。餐饮店在审核供应商资质的过程中，应规定所有供应商必须做到证照齐全。供应商应提供的证照包括营业执照、食品卫生许可证、食品检验合格报告等。

此外，合格的供应商还应做到能长期供应符合餐饮店安全采购制度的新鲜食品，有自行建立与实施的食品相关管理制度等，并具备第三方验证文件或数据。

需要注意的是，餐饮店食品供应链中所涉及的供应、运输、包装等多个环节也应符合相关管理标准，避免食品出现安全隐患。

## 7.2.2 采购与验收环节的食品安全管理

为确保食品安全，采购人员在购进食品后，应向供应商索取销售发票或凭证，并妥善保管。这是食品验收过程中一个极其重要的环节。

针对验收环节，可以建立专门的食品验收记录表，以此作为验收的依据，示例如表7.2-1所示。

表7.2-1 食品验收记录表示例

| 验收人员： | | | | | | | | | | | 验收日期： |
|---|---|---|---|---|---|---|---|---|---|---|---|
| 品名 | 产品批号 | 供应商 | 保存方式 | | | 验收标准 | | | | 验收结果 | 备注情况 |
| | | | 干藏 | 冷藏 | 冷冻 | 符合采购制度 | 无过期 | 无腐败变质 | 包装未破损 | 合格或不合格 | |
| | | | | | | | | | | | |
| | | | | | | | | | | | |
| | | | | | | | | | | | |
| | | | | | | | | | | | |
| | | | | | | | | | | | |

采用类似的记录表，既能帮助餐饮店量化食品验收情况，保留存档，也能帮助验收人员增强责任感。此外，餐饮店还可以采取感官评价的方法来验收采购的食品。

例如，验收人员可以通过含水量、形态、色泽等因素检验蔬菜的新鲜程度，还可以通过外观、硬度、气味、脂肪状态等因素确定肉类是否新鲜。

无论餐饮店的规模如何，都应注重采购过程的管理。在食品的采购、运输、验收、储存、加工的过程中，应切实防范致病性微生物的污染，强化食品的安全控制。

### 7.2.3 物流环节的食品安全管理

食品的运输方式更容易受到温度、环境及保存方式等多重因素的限制，这就要求餐饮店和供应商要在食品的运输问题上达成一致，就物流环节建立起一套完备有序的管理制度。

为确保物流环节的食品安全，餐饮店应选择合适的承运方。专业的食品承运商能根据不同食品的特性，提供适合食品的储藏环境，确保运输过程中的食品安全和新鲜。

在承运商的选择上，餐饮店尤其需要关注以下几个方面。

**1. 承运商资质**

对承运商的营业执照、备案情况进行查核，并保存相关资料。

**2. 有效调查承运商**

对承运商的运输设施设备、人员资质、质量保障能力、安全运输能力、风险控制能力等进行调查，并将报告存档备查。

**3. 签订委托运输协议**

评估合格后，与承运商签订委托运输协议的内容大致应包括以下3个方面。

（1）承运商制定的运输标准操作规章。

（2）食品运输有温度要求的，在运输过程中温度控制和实时监测的要求等。

（3）在途时限的要求以及运输过程中的质量安全责任等。

### 4. 注意事项

在食品的运输过程中，承运商还应做到以下几点。

（1）保证食品运输所需的温度等特殊条件得以满足。

（2）散装食品应使用符合国家相关法律法规及标准的食品容器或包装材料进行密封包装后进行运输，防止食品在运输过程中受到污染。

（3）装卸食品时，应按照食品特点使用合适的装卸方法、装卸工具。例如，应严格控制冷藏、冷冻食品的装卸货时间，装卸货期间，食品温度升高幅度不得超过3℃。

（4）在整个运输过程中应注意轻拿轻放，避免食品受到机械性损伤。

## 7.2.4 储存环节的食品安全管理

后厨杂乱无章是很多餐饮店的通病。开封的食品与普通的货物甚至带化学成分的货物放在一起，极易出现交叉污染。食品随意暴露在环境中，也比较容易腐败，稍不留神便会吸引老鼠、蟑螂、苍蝇"光顾"。

除此以外，食品储存环节最大的安全隐患是食品过期变质。如果没有在食品的储存过程中对其种类加以区分并做好保质期限的管理，很容易造成食品的腐坏变质。

上述种种乱象都是由于食品储存管理不当。

图7.2-1所示为导致食品储存管理不当的因素。

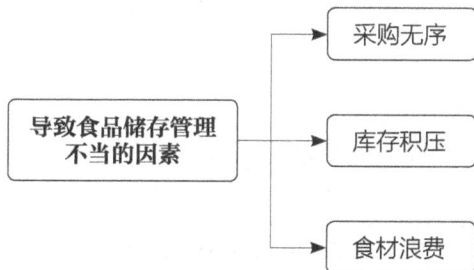

图7.2-1 导致食品储存管理不当的因素

不合理的储存管理会造成食品安全隐患，餐饮店该如何科学地储存食品呢？总结起来，包括如下方法。

**1. 做好采购计划**

餐饮店在日常采购的过程中，要坚持"合理预估，量力而行"的原则。根据餐饮店食品的平均消耗量制定采购清单，避免过量采购造成库存积压，从而出现由食品过期引发的安全问题。

**2. 制订储存计划**

食品储存计划的主要内容如下。

（1）分类储存。分类储存讲究按食品的属性来分别储藏。

（2）同类食品中，存货量大的摆放在货架最里侧，存货量小的摆放在货架最外侧。

（3）存货应确保"同类纵向摆放"，即保持每列内外食品一致，一列摆满再另起一列。某种食品存货量不够摆满另一列时，则应将其放置在最里面，所剩位置可摆放其他食品，但不可完全遮挡里面的食品。

**3. 先进先出原则**

对所采购的食品，应按照先后顺序进行摆放，并标注好生产日期和过期时间，在使用时，优先使用先入库的食品。

**4. 定期盘点**

餐饮店应安排专人每隔一段时间对储存的食品进行盘点，快速发现食品在储存中存在的问题，最大限度地保证食品安全。

# 7.3 食物中毒的预防与处理

引发食物中毒的原因有很多，具体症状也不相同。不同的食物内含有不同的微生物，加之人体对不同物质的反应有轻有重，这就导致餐饮店在食物中毒的预防与处理方面存在着一定难度。

### 7.3.1 食物中毒的特点与常见症状

食物中毒是指食用含有细菌、病毒等有害物质的食物而引起的疾病。有研究证明，许多食物都含有潜在的有害物质，不过这些有害物质通常会在烹饪过程中被破坏。但是，一家餐饮店如果不遵守良好的卫生习惯和正确的食物储存方法，就会使食物受到污染，从而导致顾客食物中毒。

生活中一些比较常见的食物很有可能就是引发食物中毒的元凶，比如没有煮开的豆浆、不新鲜的鱼虾和发芽的土豆等。

下面是食物中毒后人体所产生的一些常见症状，餐饮店员工可以将其作为判断顾客是否发生食物中毒的依据。

#### 1. 肚子痛

肚子痛是比较常见的食物中毒症状，其原因是食物中的有害物质入侵人体肠道，造成内在菌群紊乱，导致大肠内出现炎症。

#### 2. 腹泻

腹泻也是食物中毒后的常见症状，患者会在24小时内多次排便，严重时会出现脱水的症状。

#### 3. 恶心

在饭后8小时之内出现恶心的症状，很有可能就是食物中毒造成的。

#### 4. 呕吐

呕吐是食物中毒后，人体的一种本能的自我保护行为。在强烈的呕吐反应下，人体会将吃进去的有害物质快速排出，从而降低病毒对人体的侵害。

#### 5. 头痛

腹泻和呕吐很容易导致脱水，人体在脱水的状态下就会头痛。

#### 6. 发烧或发冷

发烧或者发冷的症状在许多疾病中都很普遍，在食物中毒后同样会有这类症状出现。

**7. 肌肉酸痛**

食物中毒后，人体的免疫系统被激活，开启防御模式抵御病毒的入侵。这就如同对战的两支军队，双方在厮杀中产生的炮火就是炎症，伴随炎症而来的就是肌肉酸痛。

### 7.3.2 预防食物中毒的关键点

食物中毒也存在着"多米诺骨牌效应"，多人集体就餐时，当其中一人率先出现中毒症状时，往往会有更多人出现类似的症状。

食物中毒的潜伏期无规律可循，短则在食物中毒后的几分钟内出现症状，最长也可能在食物中毒后十几个小时后才出现症状。

图 7.3-1 所示为 3 种常见的食物中毒类型。

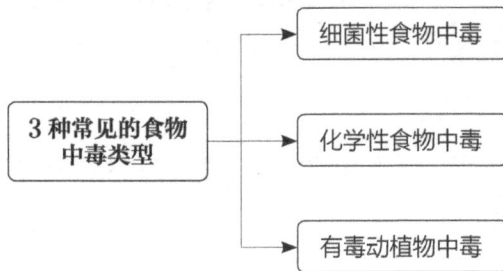

图7.3-1　3种常见的食物中毒类型

细菌性食物中毒是指人体在食用含有细菌的食物后所产生的不良反应。

化学性食物中毒的案例有很多，如食用含有瘦肉精的猪肉引起的食物中毒，饮用含有三聚氰胺奶粉引起的食物中毒等。

有毒动植物中毒是指人们食用了一些含有有毒成分的动植物而引起的食物中毒。例如，食用了没有处理好的河豚，误食了毒蘑菇或者发芽的土豆等。

总的来说，食物中毒就是有害物质侵入人体所引发的一系列不良反应，严重时还会威胁到人们的生命安全。因此，餐饮店在食材的把控上一定要做到严谨尽责，从源头入手，用一切方法做好食物中毒的预防工作。在具体的执行过程中，餐饮店可以从以下几个关键点入手。

（1）生、熟食物要分开存放。

（2）储藏熟食的温度要低于7℃，加热要彻底。

（3）对于瓜果、蔬菜要清洗彻底并做好消毒。

（4）对于肉类要煮熟，防止外熟内生。

（5）不使用腐败变质的食物。

（6）购买食品时，要留意生产日期和保质期，过期食品坚决不使用。

### 7.3.3 各类食物中毒的预防措施

在餐饮店的日常经营中，不可避免地会遇到一些食物中毒的情况，其中，有的是食物处理不当所导致的，有的是食物腐坏变质所导致的。除此之外，还有一种常见的原因，那就是食物本身就有毒。要杜绝这类情况，需要相关人员具备一定的食物鉴别能力以及实践经验，以下是几种由于食物本身有毒引起的食物中毒的情形，以及相应的预防措施。

**1. 发芽土豆中毒**

土豆中含有一种叫作龙葵素的生物碱，正常情况下不会对人体造成伤害。不过，当土豆发芽时，龙葵素的含量就会增多，超越人体可承受的范围，从而引起食物中毒。

预防措施主要如下。

（1）将采购的新鲜土豆低温储藏，避免阳光直射，降低土豆发芽的概率。

（2）发现土豆发芽时，立即丢弃。

**2. 豆角中毒**

豆角中含有皂素和血球凝集素，如果烹饪方式不当，这两种有害物质就会伤害人体机能。

预防措施主要如下。

（1）后厨工作人员在处理豆角时，要将豆角两头的尖掐掉，因为豆角中的有害物质大多集中于此。

（2）由于皂素和血球凝集素都不耐高温，在烹制时，厨师可以选择以炖、煨的方式将豆角高温烹饪20分钟以上。

（3）豆角一般可在3℃~10℃的温度下保存一周左右，不宜保存太久，因为保存时间过长会导致一部分营养物质流失。

### 3. 豆浆中毒

大豆含有一种有毒的胰蛋白酶抑制物，食用未煮开的豆浆容易对胃肠造成刺激。

预防措施为制作豆浆时，一定要将大豆煮熟，或者在用大豆榨好豆浆以后，将其加热至沸腾后再饮用。

### 4. 亚硝酸盐中毒

亚硝酸盐会使人体内的血红蛋白由低转高，使其失去输送氧气的功能，这也是一些亚硝酸盐中毒患者会出现脸部青紫现象的原因。

对此，餐饮店的预防措施是坚决杜绝将隔夜菜售卖给顾客，采购时禁止采购腐烂变质蔬菜和不正规厂家生产的精加工食品。

# 7.4 食物过敏控制

提到过敏，很多人都有切身之痛，不同的过敏类型，引起的症状不同。常见的过敏症状包括咳嗽、打喷嚏、拉肚子等。

## 7.4.1 食物过敏的症状及原因

在引发过敏的众多因素中，食物也是主要元凶之一。大多数食物过敏症患者的体内都含有应对过敏原的抗体。一旦过敏原入侵，抗体就会激活血管和皮肤内的细胞，导致毛细血管扩张，从而引起过敏。以下是比较常见的食物过敏症状。

（1）皮肤出现瘙痒、肿胀等现象。

（2）出现鼻塞、气喘、咳嗽等症状。

（3）肠胃不适，出现恶心、呕吐等症状。

（4）少数食物过敏患者会出现眼睛干涩、发痒以及流眼泪的症状。

虽然不同的人群对食物的敏感程度不同，但是由食物引起过敏的概率来看，食物大多可分为高过敏性和低过敏性两大类。表7.4-1所示为部分食物的过敏概率分析。

表7.4-1  部分食物的过敏概率分析

| 食物种类 | 高过敏性 | 低过敏性 | 备注说明 |
|---|---|---|---|
| 五谷根茎类 | 小麦、荞麦、玉米、芋头、山药等 | 大米、燕麦、地瓜、土豆等 | 芋头与山药多为接触性过敏 |
| 水果类 | 柑橘类、猕猴桃、草莓、杧果等 | 苹果、梨、香蕉、水蜜桃等 | 带皮的苹果含有非常丰富的槲皮素，对于减缓过敏有一定帮助 |
| 坚果类 | 花生、芝麻等 | 坚果类过敏现象较少，但仍然存在一定概率 | — |
| 鱼肉蛋豆类 | 不新鲜的海鲜、蛋白等 | 新鲜深海鱼肉、蛋黄、豆类等 | 东西方人的身体素质不同，东方人一般很少对豆类过敏 |
| 奶类 | 牛奶、奶制品（乳糖、冰激淋等） | 水解奶粉、母乳等 | — |
| 油脂类 | 花生油、玉米油等 | 葵花油、亚麻籽油、菜籽油等 | 劣质油脂含有致癌物 |
| 加工食品 | 人工色素、防腐剂、甜味剂、亚硫酸盐等 | — | — |

对于餐饮从业人员来说，在日常的工作中掌握一些基本食物的过敏信息，可以更加从容不迫地应对一些突发状况，起到稳定餐饮店经营的作用。

### 7.4.2 过敏原预防

世界卫生组织公布的数据显示，全球约 1/4 的人曾患有过敏性疾病，并且其中多数是由食物过敏引起的。

容易诱发食物过敏的食物有很多种，主要包含以下几大类别。

（1）谷物制品。

（2）鱼、虾、蟹等水产品。

（3）豆制品。

（4）鸡蛋。

（5）乳制品。

（6）坚果类制品。

除此之外，柑橘类的水果、深海鱼以及芥末中都可能含有过敏原。

目前对于食物过敏并没有太好的预防手段，避免食物过敏最好的办法就是在日常的饮食中多加留意，观察自己食用哪些食物后身体会出现不良反应，还有就是定期体检，对于一些常见的过敏原做好排查。

对于餐饮店来说，也可以在食品外包装或者菜谱上标注好食物过敏原信息，提醒顾客不要误食含有过敏原的食物，以保护顾客的健康和安全。

## 7.5 病媒生物的防治

提到虫鼠，很多餐饮从业人员都如临大敌，因为这些生物繁殖能力极强，且自身携带大量病菌，容易引发多种疾病。餐饮店一旦被虫鼠入侵，将会面临许多危机。

### 7.5.1 老鼠的防治措施

顾客一旦发现餐饮店中有老鼠出没，就会认定餐饮店卫生不合格，无法放心地用餐，餐饮店的经营情况可能会从此一落千丈。事实上，老鼠身上携带的病菌对人体的危害极大，是鼠疫、登革热以及痢疾等疾病的主要成因。再加上老鼠的体积较小，极易钻进餐饮店的器材、管道以及供电线路中，造成设备短路，甚至有引发火灾的风险。

餐饮店面对危害如此巨大的鼠害，需要制定一套周密的解决方案，主要内容如下。

（1）在老鼠经常出没的地方，如厨房、垃圾桶、下水管道附近放置捕鼠器。

（2）定期对诱饵进行检查和更换，如果发现有老鼠的活动迹象，则需要加强对该区域的检查，准确锁定鼠害发生的位置。

（3）在捕到老鼠后，要谨慎处理老鼠尸体和剩余灭鼠药。取死鼠和灭鼠药时最好戴上一次性手套，并做好相关警告标志，以免自身和他人中毒。

（4）定期检查与维修店内管道以及设备，设置防鼠屏障，做好防护工作。

### 7.5.2 苍蝇的防治措施

餐饮店内的苍蝇影响卫生形象不说，还十分影响顾客的用餐心情。苍蝇携带大量病菌，容易污染食物，传播痢疾、肝炎以及急性肠胃炎等多种疾病。为了保障卫生安全，维护店面形象，餐饮店对于苍蝇的防治绝对不容忽视。

**1. 苍蝇的防治措施**

关于苍蝇的防治，以化学试剂防治为主，具体措施如下。

（1）在地面、餐桌椅表面、垃圾桶内部均匀地喷洒一定剂量的杀虫剂。当苍蝇爬到这些地方时，会因接触到大量的杀虫剂而中毒死亡。

（2）在封闭无人的空间内，向空气中喷洒一定浓度的杀虫剂，当苍蝇接触到空气中的药剂时，就会中毒死亡。

苍蝇的防治既需要治，也需要防。餐饮店在日常中要注意保持环境干净整洁，不给苍蝇提供繁殖的温床，具体措施如下。

（1）注意厨房卫生的清洁，处理好食物残渣。

（2）在垃圾桶的选择上，带盖的垃圾桶相比不带盖的来说，更有利于防止苍蝇聚集。

（3）废弃的果皮和菜叶等要用塑料袋密封好，放入特定区域后集中处理。

（4）拖把、抹布要拧干，不要随意乱放。

### 2. 杀灭注意事项

上述方法可以快速杀灭室内的苍蝇，但有两点重要事项需要注意。

（1）在空气中喷洒杀虫剂之前要将放置在外面的食物妥善密封保存，避免空气中的杀虫剂污染食物，从而引起食物中毒。

（2）完成消杀后，注意开窗通风，将剩余的药物排放到室内，降低室内的药物浓度。

此外，也可以通过张贴灭蝇纸、安装灭蝇灯的物理方法消灭苍蝇。

## 7.5.3 蟑螂的防治措施

蟑螂也是传播病毒的媒介，有着"无孔不入"的特征，只要是阴暗潮湿的角落，或者有缝隙的地方，基本都会发现它们的身影。

想要消灭蟑螂，首先需要理清其出现的原因。剩饭剩菜未及时处理，菜叶、果皮随意丢弃，卫生死角长期无人清理等，这些都是吸引蟑螂光顾餐饮店的主要原因。

解决了蟑螂的来源问题，随后应制定有效的防治措施。这项工作需要分成3个阶段来完成。

### 1. 实行消杀

对于蟑螂较密集的区域，可以喷洒杀虫剂，以此降低蟑螂的密度。对于蟑螂较少的区域，可以放置一些灭蟑饵料，蟑螂食用了这些饵料后，就会中毒死亡。

发现蟑螂后不要用脚踩踏，因为蟑螂的体内含有大量的病菌和虫卵，用脚将蟑螂踩死会对环境造成二次污染。

### 2. 定期维护

蟑螂的繁殖能力强，繁殖速度也快，消杀虽然能在短时间内减少蟑螂的数量，但是万万不可掉以轻心，放松对蟑螂的控制。必须坚持对蟑螂做好防控，才能有效控制蟑螂的繁衍。

### 3. 环境治理

食物和水是蟑螂生存的必要条件，只有通过抑制蟑螂的生存环境，才有可能起到更好的防治效果。在日常生活中，要保持良好的环境卫生，及时清理杂物垃圾，不给蟑螂可乘之机。

# 第8章

# 餐饮店后厨管理：
## 管好后厨，餐饮店才能赢利

在餐饮店日常的经营管理中，稳定了后厨就相当于坐稳了半壁江山。后厨管理得越好，餐饮店就能经营得越稳定，效益自然也就越来越好。

# 8.1 厨政管理

作为后厨管理者的厨师长，既是后厨规则的制定者，也是后厨工作的执行者与监督者。厨政管理有序，餐饮店的经营也就相当于有了定海神针。

## 8.1.1 厨师长管理，让后厨有主心骨

厨师长是后厨的主心骨，好的厨师长是餐饮经营者的得力助手，能够帮助其把生意做得风生水起。

厨师长要做好管理工作可以从以下几点入手，如图8.1-1所示。

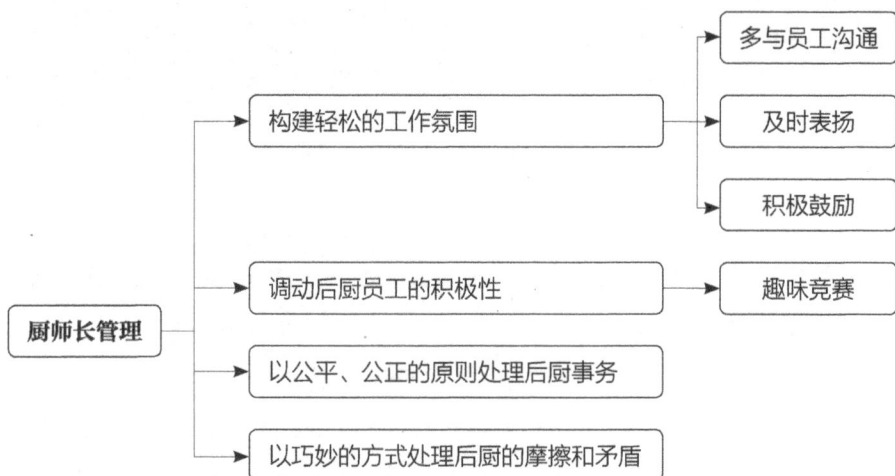

图8.1-1 厨师长管理

## 1. 构建轻松的工作氛围

后厨的工作并不轻松，但在氛围轻松的环境中工作，会使得员工心情愉悦，而愉悦的心情会带走身体的疲惫。

厨师长应多与后厨员工沟通，及时表扬工作努力、表现优秀的员工，同时

也要积极鼓励工作稍有欠缺的员工，帮助员工调节情绪和工作状态，最终实现大家一起为工作快乐奋斗的氛围。

**2. 调动后厨员工的积极性**

厨师长可以在后厨开展趣味竞赛，这样做有助于员工提升专业技能，也能够激发员工的创造力，为餐饮店开发出更多美味的新品。

**3. 以公平、公正的原则处理后厨事务**

奖惩都有章程，不包庇也不过分表彰。一碗水端平的领导容易获得员工的理解和配合。

**4. 以巧妙的方式处理后厨的摩擦和矛盾**

工作当中，员工之间难免存在小争论、小摩擦。一旦后厨员工之间发生了不愉快，厨师长应当及时出面解决，避免使小问题变成可能影响到餐饮店存亡的大问题。

### 8.1.2 操作管理，让后厨高效稳定

要想后厨保持高效稳定的状态，厨师长做好管理工作确实有效，但在实操当中，仍然需要严谨的厨政操作规范。

（1）在菜品制作过程中，应当详细检查食材，如有腐败变质或其他异常，都不得继续使用。

（2）各类食品应分类、分架储存；仓库应保持干净整洁，禁止存放有毒、有害物品或个人生活物品；定期展开检查，及时处理变质或过期食品。

（3）保持食品加工环境整洁，消除老鼠、苍蝇、蟑螂等虫害。

（4）定期维护食品加工、存储、保温等设备，确保其运转正常、计量准确。

（5）凉菜制作应符合专人负责、专室制作、工具专用、消毒专用等要求，避免细菌感染。

（6）用于餐饮加工的工具、设备，都应确保无毒无害，且应分开使用、

保持清洁。

（7）按要求对餐具进行清洗、消毒，并将其存放于专用的保洁设施内；如采购集中消毒企业的餐具，则要仔细检验该企业的经营资质。

### 8.1.3 标准化管理，后厨管理流程化与标准化

管好后厨，餐饮店赢利才能稳健高效，而最有效的管理方法，就是标准化管理，让每位后厨员工都能按照标准、流程办事，避免食材浪费和安全事故。

#### 1. 考勤标准

考勤标准是对后厨员工的基本要求，适用于后厨的全部员工，如表 8.1-1 所示。

表8.1-1　后厨考勤标准

| 项目 | 内容 |
| --- | --- |
| 考勤 | 后厨员工上、下班时，必须打考勤卡，严禁代人考勤或委托他人代为考勤 |
| | 员工穿好工作服后，应向组长或厨师长报到，或由厨师长总体点名 |
| 岗位要求 | 根据厨房工作需要，加班的厨师留下，不加班的厨师下班后应离开厨房 |
| | 上班时要坚守工作岗位，不脱岗、不串岗，不做与工作无关的事，如会客、看书报、下棋、打私人电话等 |
| | 根据工作需要，需延长工作时间的，经领导同意，可按加班或计时销假处理 |
| 请假要求 | 因病需要请假的员工向厨师长申请办理准假手续，并出示医院开出的有效证明，不能提供相关手续或手续不符合规定者，按旷工或早退处理。请假应写请假条作为书面备案 |
| | 需请事假的，必须提前一日办理事假手续，经厨师长批准后方有效，未经批准的不得无故缺席或擅离岗位，电话请假一律无效 |
| | 婚假、产假、丧假参照员工手册的有关规定执行 |
| 本制度适用于后厨所有员工 | |

#### 2. 着装标准

虽然通常后厨员工不直接面对顾客，但仍然需要严格遵守着装标准，以确保卫生和安全，具体如表 8.1-2 所示。

表8.1-2　后厨着装标准

| 项目 | 内容 |
|---|---|
| 衣服 | 上班时需穿戴工作服帽，在规定位置佩戴工号牌或工作证。工作时间不得裸背敞胸、穿便装或奇装异服 |
| | 工作服应保持干净整洁，不得用其他饰物代替纽扣 |
| 鞋 | 上班时间需穿工作鞋，不得穿拖鞋、水鞋、凉鞋等 |
| 其他 | 工作服帽只能在工作区域或相关地点穿戴，不得着工作服帽进入作业区域之外的地点 |
| | 必须按规定系围腰带操作 |
| 违反上述规定者，按本店处罚条例执行 | |

## 3. 检查标准

无论是后厨的考勤、着装，还是操作管理，都需要制定相应的检查标准，从而推动后厨员工按照标准进行工作，如表 8.1-3 所示。

表8.1-3　后厨检查标准

| 项目 | 内容 |
|---|---|
| 检查内容 | 对后厨各项工作实行分级检查制，对后厨进行不定期、不定点、不定项的抽查 |
| | 检查内容包括店规、店纪、厨房考勤、着装、岗位职责、设备使用和维护、食品储藏、菜肴质量、出菜制度及速度、原材料节约及综合利用、安全生产等规章制度的执行和正常生产运转情况 |
| 检查频次及相关内容 | 卫生检查：每日一次，包括食品卫生、日常卫生、计划卫生 |
| | 纪律检查：每月一次，包括厨房纪律、考勤考核、店规店纪 |
| | 设备安全检查：每月一次，包括设备使用、维护安全工作 |
| | 生产检查：每周一次，包括储藏、质量及速度 |
| | 每日例查：每日两次，包括餐前、餐后工作过程，个人及其他卫生 |
| 处罚标准 | 检查人员对检查工作中发现的不良现象，依据情节做出适当的处理，并有权督促当事人立即改正或在规定期限内改正 |
| | 属于个人包干范围或岗位职责内的差错，追究个人的责任；属于部门、班组的差错，则追究其负责人员的责任 |
| | 对于屡犯同类错误，或要求在规定期限内改进而未做到者，应加重处罚，直到辞退 |

| 项目 | 内容 |
|------|------|
| 其他 | 检查人员应认真负责、一视同仁、公正办事。每次参加检查的人员，对时间、内容和结果应做书面记录备案，检查结果与部门和个人利益挂钩 |

**4. 考核标准**

考核工作是餐饮店管理的常规工作，也是推动后厨管理流程化和标准化的重要内容。一般而言，后厨考核可以每季度进行一次，由店长、厨师长协同人事部门进行考核，确保考核流程公正、公开。

在实施考核之前，后厨员工应当对考核标准有充分的了解，进而在日常工作中按照考核要求认真工作。考核人员也应当实事求是，与被考核人员坦诚交谈，从而增强考核效果。

在客观公正的考评基础上，餐饮店应根据每位员工的工作表现，按照既定政策给予相应的奖励和惩罚。

# 8.2 菜品管理

菜品管理工作是餐饮店在日常经营中的重要环节，不仅需要不断精益求精的操作流程，还非常考验团队成员的默契与凝聚力。

## 8.2.1 菜品筹备，让备菜与上菜无缝衔接

在菜品筹备阶段，后厨应事先对食材进行粗加工，同时还需做好餐具的准备、小料的切配、调料的补充等工作。

此外，后厨应按照顺序，依次完成择菜、洗菜、切配、腌制、按标准定量装盒、陈列等环节，及时把菜品、饮料、酱料等摆放到就餐区，做到各归其位，有序摆放。

最后，通过制定菜品筹备"三步走"计划，进一步实现备菜与上菜的无缝

衔接。

（1）将食材按照不同类别存放，安排专人统一管理。

（2）对需要冷藏、冷冻的食材做好密封，并粘贴标签。标签内容主要包括品名、进货日期、保质期以及责任人。

（3）对常用食材做好统计工作，避免食材供应出现断流。

### 8.2.2 菜品更新，及时更新才能吸引顾客

餐饮店菜品的更新，需要餐饮经营者能认清自身定位，并结合现有菜品的特色、市场发展趋势、顾客喜好等因素做出合理的选择。在进行菜品更新之前，餐饮店应做好相关的调研与准备工作。

（1）要做好菜品更新的投入产出计算。利润是收入与成本之间的差额，餐厅的持续发展离不开利润的支撑。如果一道菜品的更新并不需要在原有食材以及人工上做出太大调整，那么这道菜品就值得尝试。相反，如果一道新菜品的推出需要动用太多的人力、物力，需要增加额外的成本，餐饮经营者则需要衡量好菜品的投入与产出是否成正比。

（2）菜品的更新也要考虑时令特色。例如，在现有菜谱中，加入一些当季时令菜，这样既可以保证食材的新鲜，又容易受到顾客的欢迎。

（3）在计划更新菜品时，要检查目前有哪些食材储藏时间较长，哪些食材即将过期，在创新菜品时尽量使用这些原料，避免浪费。

此外，还要根据现有的出菜结构，对比较受顾客欢迎的口味进行菜品开发。比如时下年轻人比较喜爱麻辣小龙虾、川香牛肉等香辣口感的菜品，就可以据此多做一些创新性的尝试，不断进行菜品更新。

### 8.2.3 菜品摆盘，要紧跟时代潮流

菜品的口感是征服顾客味蕾的关键，美观的摆盘也是吸引顾客眼球的关键。高超的摆盘技术可以使人超脱对食材的固有认知，转而关注菜品之中所蕴含的美感。

摆盘之美，主要借由食材的颜色、形状与肌理进行排列分布与搭配，营造视觉冲击。在摆盘的过程中，应根据季节的不同合理取材，做好食材的荤素与营养搭配。

在摆盘方式上，中西餐略有不同。中餐讲究东方古典美学所注重的意境，西餐则更加关注色彩搭配，造型也更加抽象化。无论中餐还是西餐，摆盘都有一定的核心技巧，掌握了这些技巧，也就掌握了摆盘的精髓，餐饮店的生意同样也会因此更上一层楼。

（1）借由"点、线、面"营造美感。中西餐的摆盘有一定区别，但通常都是从点、线、面这3个要素入手，通过对这三者的合理运用，打造视觉盛宴，让顾客在大快朵颐的同时欣赏到摆盘中的美感。

（2）奉行少而精的极简主义。西餐与日料都奉行少而精的极简主义，通过这种形式呈现的摆盘让顾客在用餐时已经不仅仅是在品尝某一种食物，而是在品味精致与简约并存的生活态度。

（3）在色彩搭配上下功夫。利用不同颜色的食材进行摆盘，如同在盘子上作画，在艺术与食材的杂糅之间凸显灵感。

在颜色的搭配上，可以选择互补色，比如红与绿、黄与紫、蓝与橙等；也可以选择对比色，如紫与绿、红与青等；任何色彩都可以与黑、白、灰搭配。这样搭配，呈现出来的摆盘色彩亮丽，层次相对丰富。

### 8.2.4 菜品装饰，时尚大方还要控制成本

经过摆盘后，菜品在色、形以及意境的呈现上如仍有不足之处的话，可以借由围边或者点缀来进行装饰。装饰后的菜品会更加精美，也更显档次。

在菜品的装饰上，做好以下几点，能起到事半功倍的作用。

（1）实用至上。所谓装饰物的实用，是指装饰物不但可以起到美化菜品的作用，同时还可以放到口中品尝。在装饰物的原料选择上，可以采用一些可食用的小熟料或者造型精巧别致的水果、点心等。

（2）注重整体协调。首先，装饰物与菜肴的色泽、内容、盛器必须协调

一致，从而使整个菜肴在色香味形诸方面趋于完整且形成统一的艺术体。其次，筵席菜肴的美化还要结合筵席的主题、规格、宴者的喜好与忌讳等因素。

（3）兼顾成本。装饰物更多的是起到装饰菜品的作用。受原材料、保存期限和成本的限制，装饰物并不需要过分地雕饰和太细致入微的构图。在满足菜品装饰的前提下，最大限度地降低成本，合理做好菜品的装饰。

（4）注意卫生。装饰点缀虽然能美化菜品，但同时也可能造成细菌传播。装饰物一定要事先做好清洗消毒工作，另外尽量少用或不用人工色素。

# 8.3 后厨卫生管理

一家餐饮店的后厨管理，从筹备到营业，需要经过数道程序的考验。其中，卫生管理永远是不可忽略的环节。

## 8.3.1 卫生标准要细致入微

后厨的卫生标准是餐饮店经营的底线。一旦后厨出现卫生不合格、细菌超标、食品卫生安全不达标等问题，餐饮店就会迅速失去顾客的信任，被市场拉入消费的黑名单。

因此，餐饮店需要提高对后厨卫生的重视程度，并且制定严格的卫生管理标准。餐饮店可以从以下几个方面制定卫生管理标准。

### 1. 日常卫生

保持后厨日常卫生，主要包括以下工作。

（1）每日及时清扫地面，做到无油污积淀。

（2）保证墙面无灰尘蛛网，墙角、下水管道处无卫生死角。

（3）炊具、厨具、餐具需每日清洗消毒，保持明亮、无油污。

（4）操作案板、刀具等定期煮沸消毒。

（5）各类盖帘、抹布等每日清洗，分类放置。

（6）定期清理冰箱、橱柜内食物，做好生熟分开，妥善处理临期食材。

## 2. 冷厨卫生

冷盘加工间应恪守专人、专室、专工具、专冷藏、专消毒的"五专"原则。操作人员在进入冷盘加工间时要穿戴好专职工服，认真洗手并消毒。对于各种冷藏的食品要做到生熟分开，荤素分开，用保鲜膜包裹后分别储藏。

## 3. 虫害防治

后厨日常要做好老鼠、苍蝇、蟑螂等虫害防治工作，定期检查门窗是否存在缝隙，下水管道处有无蟑螂出没。一旦发现有相关迹象一定要及时治理。

### 8.3.2 卫生管理要严格严谨

后厨卫生不合格导致加工销售的菜品含有对人体有害的物质，从而造成顾客食物中毒或其他伤害时，餐饮店不但需要予以赔偿，情况严重时甚至需要承担相应的法律责任。由此可见，卫生管理是餐饮店稳定经营的基本保障。

在日常的管理中，餐饮经营者需要掌握一些基本的餐饮卫生管理原则，助力后厨卫生管理方案的施行。

表 8.3-1 所示为餐饮卫生管理原则。

表8.3-1　餐饮卫生管理原则

| 项目 | 内容 |
|---|---|
| 后厨卫生管理 | 1. 地面干净整洁，无垃圾、油渍；<br>2. 洗菜池、操作台每日及时清洗、消毒；<br>3. 保证下水管道通畅无堵塞；<br>4. 员工自带食物不得放置在后厨操作台面上；<br>5. 垃圾及食物残渣统一扔到指定垃圾桶内，垃圾桶由保洁每日按时清理；<br>6. 操作人员必须穿戴洁净的工作服帽，并将手洗净、消毒 |
| 后厨环境建设管理 | 1. 厨房的最小使用面积不得小于 8 米$^2$；<br>2. 地面应由防水、可洗刷的材料建造，具有一定坡度，易于清洗；<br>3. 配备有足够的照明、通风、排烟装置和有效的防蝇、防尘、防鼠设施以及污水排放设施和符合卫生要求的存放废弃物设施；<br>4. 配有专用冷藏设施、洗涤消毒设施和符合要求的更衣设施，室内温度不得高于 25℃ |

续表

| 项目 | 内容 |
|------|------|
| 员工日常管理 | 1. 员工统一在更衣室内更衣；<br>2. 个人物品统一放置在置物柜内，不可乱丢乱放；<br>3. 鞋子统一摆放在鞋柜内，并随时关闭鞋柜门；<br>4. 不可随意出入菜品操作间，日常做好个人卫生 |

通过严格地坚持上述餐饮卫生管理原则，餐饮店才能确保后厨卫生水平始终保持在安全线上。

### 8.3.3 卫生制度要清晰明确

餐饮店在制定后厨制度时，必须明确每一个环节的具体工作，进一步甄别出其中容易引发卫生安全问题的地方，从而有针对性地制定出清晰明确的相关制度。

做好餐饮店工作模块分类，可以让卫生制度更加清晰明确。

表 8.3-2 所示为餐饮店工作模块分类。

表8.3-2 餐饮店工作模块分类

| 模块 | | 内容 |
|------|------|------|
| 食品卫生 | | 1. 生熟食品分开；<br>2. 剩余食品保鲜冷冻；<br>3. 蔬菜加工前认真清洗；<br>4. 采购正规厂家生产的食品，拒绝"三无"食品 |
| 垃圾处理 | 气态垃圾 | 主要是指后厨生产导致的油烟。关于油烟排放，餐饮店必须要铺设专门的管道，将油烟排放至建筑物外。另外在油烟管道中，还需设置自动闸门。一旦管道温度过高，系统应自动关闭导管，避免发生危险 |
| | 液态垃圾 | 主要是指后厨的污水和泔水；<br>污水处理措施，设置专门的排水沟；<br>泔水处理措施，使用带盖泔水桶，并定期消毒清理 |
| | 固态垃圾 | 包括食品外包装、边角料等，可按照可燃、不可燃、可回收、不可回收进行分类 |
| 厨房卫生 | | 1. 冷藏柜定期清理、解冻；<br>2. 厨余垃圾及时清理；<br>3. 严防蟑螂、老鼠等虫害；<br>4. 保证排水系统通畅、无堵塞；<br>5. 操作台、操作机械定期清理消毒；<br>6. 地面每日清理消毒 |

通过餐饮店工作模块分类，后厨卫生制度能全面覆盖整个餐饮店的工作全流程，更具实际的指导价值。

### 8.3.4 废弃物处理方法

后厨废弃物就是厨余垃圾，主要包括后厨在生产经营过程中产生的食物残渣、食品加工废料和废弃食用油脂等。对于后厨废弃物，要使用符合标准的废弃物收集容器、油水分离器等进行收集处理，再由厨余垃圾车统一运输至集中处理地点，不可私自随意倾倒。

厨房废弃物的处理方法大致可以分为以下几种。

（1）填埋法。这种处理方法最大的优势就是方便快捷，可以将废弃物完全处理掉，不会留下任何残余。但是，这种方法虽然比较简单，却不利于资源的回收再利用。

（2）厌氧发酵处理法。由于后厨废弃物内包含大量肉类，容易滋生病菌，因此并不适合作为动物饲料再利用，而是通过厌氧处理这些废弃物可以产生大量沼气，成为发电与生产燃料的清洁能源。

（3）堆肥法。后厨废弃物中含有大量的有机物和微量元素，十分适合微生物的生长，通过使用堆肥技术，这些废弃物可以转化为一种非常好的生产原料。

（4）分选法。采用物理方法将废弃物内的成分进行分离，之后再进行统一回收。这种方法可以最大限度地做到物尽其用，但是由于成本高昂，很多企业放弃使用这种方法进行废弃物处理。

（5）粉碎直排法。这种方法受到众多新兴餐饮企业的追捧。其原理是将高速运转的刀片安装在垃圾处理器内，再将垃圾处理器安装于下水管道的前端。当将后厨废弃物塞入垃圾处理器时，刀片会将其粉碎，最后水流会将被打成细微颗粒的废弃物冲入下水道。

# 8.4 后厨安全管理

影响一家餐饮店经营寿命长短的因素除了菜品的口感、价格、环境与卫生外，还有安全。

## 8.4.1 火灾预防

纵观近几年的新闻，火灾造成餐饮业人员伤亡的情形每年都有，每个数字背后都对应着一条条鲜活的生命，令人深深惋惜。餐饮经营者必须吸取教训，牢牢树立安全意识，避免灾难的发生。

### 1. 引发火灾的原因

要避免火灾的发生，首先应找出可能引发火灾的"定时炸弹"。餐饮店发生火灾主要有以下几大原因。

（1）高温烹饪。爆炒、油炸是后厨的常用工序，当油锅持续升温到一定程度时，油锅内就会产生火苗。后厨使用的通常是大吸力油烟机，火苗一旦进入排烟罩，加上风势的助力，火势便会极快蔓延，且不容易被扑灭。

（2）易燃物品。燃油、燃气罐如果未能妥善保管，离火源太近，或管道设置位置不合理，都可能导致火灾的发生。

（3）安全意识薄弱。后厨布局紧凑，明火与各类设备间隔较近，如果操作人员缺乏安全意识，没有做到规范用火、用电，也容易引发火灾。

### 2. 火灾预防措施

针对可能引发火灾的原因，餐饮店可以根据实际情况采取预防措施。

（1）安装防火门，将前厅与后厨实行分离，防止后厨起火蔓延至前厅。

（2）定期组织消防演练，对店内员工进行消防安全培训。

（3）店内常备灭火器、灭火毯等消防器材。

（4）组织专人定期对易燃气体管道、电气设备、仪表阀门等进行检查。

（5）不私自搭建电线路，所有电气设备不得过载运行，以免因超负荷工作造成设备短路，引发火灾。

### 8.4.2 食品安全管理

近年来，人们对舌尖上的美食再也不只是局限于关注浓油赤酱调制出来的独特味道，而是更多地将重点聚焦于食材本身。顾客希望美食在满足味蕾的同时，还要做到安全无忧。

后厨对于食品安全同样应进行分类管理。表 8.4-1 所示为食品安全分类管理的内容。

表8.4-1 食品安全分类管理的内容

| 项目 | 内容 |
|---|---|
| 烹饪方式 | 1. 烹饪前认真洗手，使用干净的烹饪器具；<br>2. 海鲜、豆类等食品在烹饪时要煮熟煮透，否则容易引起食物中毒；<br>3. 选择健康、清淡的烹饪方法 |
| 食品采购 | 采购食品时要留意包装是否完好，注意查看生产日期、保质期或有效期，避免买到过期变质的食物 |
| 食品储存 | 1. 将冰箱冷藏室按照熟食区、生鲜区、成品区进行分类，避免食品之间交叉污染；<br>2. 提前将需要冷冻的生肉进行分装，避免反复解冻带来的微生物污染；<br>3. 现吃现买，减少食品储存 |
| 生熟分开 | 常备两套刀具和砧板，分别处理生食和熟食，避免食品出现交叉污染 |

后厨如能做到上述操作要求，再结合本书中其他食品安全管理措施的具体运用，即可确保后厨食品安全。

### 8.4.3 杜绝后厨内讧，防止安全问题

餐饮店后厨通常只供内部员工出入。对于顾客来说，那里是不为人知的神秘之境，隐藏了许多"秘密"。对餐饮经营者而言，除了事故安全外，最应关注的是后厨内讧问题。

我国有八大菜系，因为每种菜系的制作方法不同，厨师师承之处也有所不同，这就导致后厨的拉帮结派现象往往很严重。

在后厨的这一方小天地内，如果成员之间不能做到团结一心，隔三岔五起内讧，将会严重影响餐饮店的正常经营，甚至可能会引发人员之间形成肢体冲

突等一系列安全问题。所以，面对后厨内讧，一定要早发现、早解决，将其苗头扼杀在摇篮里。

餐饮经营者应如何预防和解决后厨团队的不和谐呢？具体方法如下。

（1）招聘不能"人情化"。在餐饮界，师徒制已沿袭多年，一般师父去哪里工作也都会带上徒弟。考虑到师父的这层关系，一般管理人员碍于情面，并不方便对徒弟进行太多的考察。久而久之，徒弟和徒弟之间反而容易引发矛盾。因此，招聘的时候尽量不要采用熟人介绍这种方式。

（2）后厨成员利益捆绑。餐饮经营者应该将后厨成员的绩效工资捆绑在一起，一旦发现有不团结的行为，按照影响严重程度，全员扣发相应工资。有了相互之间的利益关系捆绑，后厨人员就会提高自觉意识，彼此合作也将更加紧密。

（3）多举办集体活动。后厨定期举办团建活动，例如组织员工一起聚餐、旅游或者唱歌等，拉近彼此的距离，帮助其建立起友谊。

# 8.5 后厨管理制度

后厨是餐饮店的"军火库"，餐饮店经营与发展的根基源自于此，但后厨也是充满了危险气息的"战场"，稍有大意，就可能导致安全事故的发生。为了做好后厨管理工作，制定相关的制度是非常必要的。

## 8.5.1 后厨安全管理制度

后厨的安全管理制度应从引发安全事故较多的防火管理与设备用具管理两个角度来制定。

### 1. 防火管理制度

导致后厨发生火灾的原因有很多种，主要包括煤气泄漏、电气设备短路、超负荷用电以及大量堆积易燃油脂等。因此，制定防火管理制度是餐饮店制定后厨安全管理制度不容忽视的重要环节。

后厨防火管理制度的主要内容如下。

（1）不可超负荷使用用电设备。

（2）每天清理炉灶四周残留的油脂、油渣。

（3）将易燃易爆等危险品进行集中存放，远离明火。

（4）煮锅或炸锅不可超过锅体容量使用。

（5）炼油或烤制食物时要留专人看管，避免食物起火。

（6）发现电气设备发生故障时需及时报修，其间不得擅自使用。

**2. 设备用具管理制度**

后厨设备用具管理制度的主要内容如下。

（1）后厨设备要定期指派专人检查，发现问题应及时上报。

（2）后厨特殊工具需由专人保管存放，借出与归还都需做好记录。

（3）对于刀具、叉子等应妥善保管，使用时注意避免划伤。

（4）对于电磁炉、电饭煲等可移动电器，使用后要关闭电源，并拔下插头。

（5）使用完煤气灶时，除了要关闭灶具的开关外，还应及时关闭煤气管道总阀门，防止煤气泄漏。

（6）在使用煤气的过程中，要注意保持空气的流通。

### 8.5.2 后厨卫生消毒制度

如果后厨卫生消毒不彻底，很容易造成各类传染疾病的传播，建立健全一套科学有效的后厨消毒制度，是餐饮店应持续开展的重要工作。

后厨卫生消毒制度应抓住下列几个工作重点，借以明确工作方向，起到集中优化的作用。

**1. 消毒**

消毒是保证后厨卫生的基础工作，主要包含以下内容。

（1）餐具消毒要彻底。对于碗、盘等餐具消毒要彻底。有研究表明，用56℃以上的热水浸泡30分钟以上，就可以有效地起到消毒杀菌的作用。

（2）洗碗池、消毒池要分开使用，并做好标记。消毒池的内外壁要使用耐腐蚀的不锈钢或陶瓷材质，这样易于清洁打理。

（3）消毒柜应符合国家标准，对餐具的消毒要达到规定时长，消毒剂要选择对人体温和无刺激的配方，按规定比例进行勾兑。

（4）砧板消毒。砧板可谓滋生细菌的温床，砧板中隐藏着大量的病菌，对于砧板的消毒必须彻底。除使用专业的厨房清洁剂外，还有一种简单的消毒方法，即在砧板上撒上食用盐，静置30分钟后用新鲜柠檬在砧板上反复擦拭，即可起到杀菌、除异味的效果。

**2. 冰箱的清洁**

冰箱是储存食材的重要电器，同样也容易滋生细菌。冰箱清洁的要点如下。

（1）将冰箱内的食物进行分类存放，避免装得太满，留出一点空隙，有利于内部冷空气对流。

（2）上层放熟食，下层放生肉。因为冰箱内的冷空气是自上往下流动的，将生肉放在下面可以避免污染熟食。

（3）剩余食材要用保鲜袋或保鲜膜密封储存。

**3. 处理厨余垃圾**

由于厨余垃圾十分容易滋生细菌，所以至少要做到一日一清理。对垃圾桶应每天喷洒消毒水进行消毒，以起到防治蟑螂、苍蝇等虫害的作用。

### 8.5.3 后厨员工卫生制度

在餐饮店的后厨管理制度中，一定不能缺少员工卫生制度，后厨卫生需要每位成员共同建立和维护。只有每位后厨员工先做好自身卫生管理，才能实现整个后厨的规范管理。

表 8.5-1 所示为后厨员工卫生制度的基本内容。

表8.5-1　后厨员工卫生制度的基本内容

| 项目 | 内容 |
|------|------|
| 仪容仪表 | 1. 双手保持干净，不留长指甲；<br>2. 女员工不得涂抹指甲油；<br>3. 处理食材前须认真清理双手，摘掉手表、戒指等装饰品；<br>4. 进出后厨需要戴上厨帽，避免头发掉落在食物里；<br>5. 女员工需要将头发盘起，统一佩戴简洁的头饰；<br>6. 男员工不得留长发或蓄胡须 |
| 工作制服 | 1. 所有员工上班必须统一穿着工作服，日常保持工作服整洁、平整，内衣不得外露；<br>2. 按照要求统一佩戴好工牌；<br>3. 保持鞋子的整洁光亮；<br>4. 厨师需穿戴吸水、易清理的厨师制服 |
| 个人卫生 | 1. 勤洗澡、洗头，定期理发；<br>2. 处理食材时要洗净双手，不得涂抹护肤品；<br>3. 平时除了要做到面部和衣物的整洁外，还需注意口腔卫生，工作期间禁食葱、蒜等含刺激气味的食物；<br>4. 不可对着食材或顾客打喷嚏、咳嗽；<br>5. 双手出现伤口或红肿时，要用医用防水纱布包扎好，并佩戴一次性手套，防止伤口上的细菌传播到食物中 |
| 其他 | 1. 每日清理餐厨具；<br>2. 传递菜品时双手托住盘子底部，手指不可接触到菜品；<br>3. 不可在顾客面前整理衣服、触摸面部；<br>4. 使用刀叉、汤匙时，握住其手柄部分，避免触碰头部 |

有了后厨基本制度的保障，再加上后厨每一位成员的共同努力，餐饮店的卫生质量将得到进一步的提升，逐步走向规范化、标准化。

## 8.5.4 后厨废弃物处置制度

对后厨工作来说，处理废弃物是一道难题，其中的难点主要包括两方面：首先是通常后厨的废弃物中都含有大量水分，不易收集和运输；其次是后厨废弃物中含有大量易腐败的有机物，如果处置不当，容易滋生细菌，产生异味。

针对这些问题，餐饮店可以从以下方面制定厨房废弃物处置制度。

（1）事先采购好适用于收集后厨废弃物的容器，这些容器需带盖、密封性好、防水性好、耐腐蚀。

（2）对各类废弃物进行干湿分类，按照可回收与不可回收分别放置，并做到日产日清。

（3）依照国家对餐饮业做出的相关规定，设置油水分离器以及隔油池等污染防治设施。

（4）建立后厨废弃物处置台账，标注好废弃物产生的时间、类别以及去向用途等信息。

表 8.5-2 所示为后厨废弃物处置台账示例。

表8.5-2 后厨废弃物处置台账示例

| 日期 | 废弃物种类 | 数量 | 去向用途 | 回收人 | 处置人 | 备注 |
|------|-----------|------|---------|--------|--------|------|
|      |           |      |         |        |        |      |
|      |           |      |         |        |        |      |
|      |           |      |         |        |        |      |

（5）在联系第三方处理废弃物时，需签订正式的委托合同，并向对方索取经营资质以及相关证明文件。

（6）需在废弃物产生的 24 小时之内将其交由第三方进行运输处理。

（7）后厨不得将废弃物直接排放入厨房下水管道、河流、水渠以及卫生间下水管道。

（8）后厨废弃物处置制度需参照《食品安全法》《食品安全法实施条例》《餐饮服务食品安全监督管理办法》等法律法规建立。

# 第 9 章

# 餐饮店外卖管理：
## 顺应趋势的餐饮管理举措

当前，互联网正以前所未有的能量和速度推动着社会的发展，也赋予了社会新的机遇和挑战。随着互联网的发展，人们的生活习惯发生了改变，外卖在餐饮市场中所占的比重也在不断增加。易观数据显示，截至 2020 年底，全国外卖顾客规模接近 5 亿人，总计订单量达到 171.2 亿单，同比增长 7.5%；交易规模高达 8352 亿元，同比增长 14.8%。天眼查数据显示，2020 年我国新增外卖相关企业超过 67 万家，同比增长 1487%。为此，餐饮店必须做好外卖管理，实行顺应趋势的餐饮管理举措。

# 9.1 餐饮店外卖平台如何选择

外卖行业经过十多年的发展，已经形成了较为成熟的市场与较为稳定的竞争格局。餐饮经营者必须懂得如何选择正确的外卖平台。

### 9.1.1 美团外卖，流量大、顾客多

从营收角度看，美团外卖是国内最大的餐饮外卖平台，在美团发布的2020年度全年业绩报告中，美团餐饮外卖业务日均交易笔数为2770万笔，交易金额高达4889亿元。

美团自成立之日，就一直在围绕本地生活做闭环，其业务也是定位于吃喝玩乐。作为国内知名的生活服务电子商务平台，美团的流量有着高频次、易变现的特点。美团外卖依托美团的清晰定位及优质流量，得以迅速发展，成为外卖市场的一大龙头。目前，美团外卖已覆盖各城市的优质外卖商家，拥有先进的外卖网上订餐平台和专业外卖送餐团队。流量大、顾客多，是美团外卖的最大优势。

不同的外卖平台，其商家排名的规则是不一样的。餐饮店想在美团外卖上获得较高的排名，餐饮经营者需积极了解排名规则，弄清影响排名的具体因素，并有针对性地进行提升。

美团外卖的商家排名规则主要包含基础排名、业务策略和个性化排名。影响基础排名的因素主要包含商家的销量、顾客的评价以及商家的活动力度。美团外卖通过评估餐饮店在这些维度方面的表现，对其经营质量进行综合评价。简言之，餐饮店销量高、顾客评价好、活动力度大，餐饮店的排名自然就靠前。业务策略主要结合顾客的下单场景（如购买时间）、商家的配送策略和距离因素等显示排名，以满足不同顾客的需求。个性化排名则根据顾客的自身购

买习惯和交易记录为顾客提供个性化排名，如优先显示顾客经常购买的类型。

值得一提的是，美团外卖对新商家（第一次上线且营业的商家）和第一次配置活动的商家都有较大力度的排名照顾。在照顾期，排名加分会让商家有更多的曝光机会。因此餐饮店必须利用好这两个难得的曝光机会，做好相关准备并不断提高后续的运营能力和服务水平，形成良性循环，不断提升业绩。

依托美团外卖流量大、顾客多的优势，相信无论是对于有一定知名度的餐饮品牌，还是对于采取"以量取胜"竞争策略的中小餐饮店来说，美团外卖都是一个很好的选择。

### 9.1.2　饿了么，实惠到家

提到外卖，我们不能忽略另一家龙头企业——饿了么。

饿了么成立于 2008 年，比美团开展外卖业务的时间更早，且自成立之日起便更多地专注于外卖业务。2017 年，饿了么正式宣布收购百度外卖。2018年，阿里巴巴联合蚂蚁金服以 95 亿美元对饿了么完成全资收购。同年，阿里巴巴集团宣布饿了么和口碑合并组成国内领先的本地生活服务平台。一方面背靠阿里的雄厚资金，受益于支付宝带来的大流量，另一方面和口碑生活整合，使饿了么的发展因此有了更多的可能性。

饿了么开展外卖业务的时间早于美团外卖，在一些核心城市的重要区域，饿了么的业务占比要比美团高。除此之外，饿了么能与美团外卖分庭抗礼，很关键的一点就在于价格实惠。早在阿里巴巴全资收购饿了么之时，饿了么便抓住机会，适时推出了一系列的优惠活动，通过返利给顾客，尤其是会员顾客，使饿了么的顾客具有很强的黏性。融入阿里生态之后，饿了么又推行百亿补贴活动，为平台吸纳大量顾客，同时吸引商家入驻。饿了么一方面尽可能地让利于顾客，另一方面不断补贴商家，帮助商家持续吸引顾客，这些做法使饿了么的顾客具有很高的活跃度。另外，与口碑的合并使饿了么从外卖平台延伸到本地生活服务，从送餐到配送更多的产品和服务，进一步满足日益多样化的顾客需求，因此，饿了么自然能吸引更多顾客，获得更多流量。

饿了么的商家排名规则与美团外卖基本一致。因此，想在饿了么平台获得较高排名，餐饮店必须在平时运营的过程中做好餐饮店销量、顾客评价、活动力度的管理。除此之外，餐饮店还应积极参与平台的活动，提高自身的服务能力，以获得长期而有效的排名优势。

餐饮店运营是长期的工作，需要做好运营过程中的每一步。餐饮店的长期休业，运营过程中的无效订单、甚至是退单，都会直接影响餐饮店在外卖平台的排名，餐饮经营者必须予以避免。

饿了么的优惠政策使其拥有了大量强黏性的优质顾客，从这点上看，选择饿了么的餐饮店更应注重老顾客的培养，尤其是线下转化的餐饮店。

### 9.1.3 大众点评，网友推荐很重要

随着互联网的发展，大众点评成为餐饮店经营必不可少的渠道之一。

大众点评成立于 2003 年，是国内领先的本地生活信息及交易平台，也是全球最早建立的独立第三方消费点评平台。大众点评的突出特点就是拥有大量真实的顾客点评数据。随着数据库管理的不断完善，越来越多的顾客愿意在大众点评上对商家进行评价，也习惯在大众点评上查看商家评价，并将其作为消费依据。

2015 年，大众点评与美团达成战略合作，并成立新公司美团大众点评。此后，独立运营的大众点评继续发挥其在点评方面的优势，并开启社交化转型，让美食爱好者能够聚集一堂，交流美食体验。

在大众点评热门榜上，排名越靠前的商家获得的曝光量就越大，顾客对其的信任度就更高，因此获取的流量也更多。餐饮经营者如果希望通过大众点评为餐饮店引流，需注意以下几点。

（1）设置门店基本信息。大众点评的后台功能众多，初次入驻大众点评的餐饮店，必须设置好门店的基本信息。设置门店基本信息看似烦琐无趣，但却不能忽视，这些基本信息如同餐饮店的"脸面"，会直接决定顾客对餐饮店

的第一印象。如果餐饮店的"脸面"过于邋遢或者苍白，就会错过顾客选择门店的最佳时机。当然，在门店基本信息没有设置完成时，不应盲目采购流量，不然即便曝光量陡增，也无法形成转化，对门店的实际运营也不会有实质性的作用。

（2）提升门店星级。俗话说人靠衣装马靠鞍，许多顾客去店内消费前都会很关注门店的星级等级。如果餐饮店在大众点评上的星级等级太低，顾客到店消费的可能性就会变低。想要提高餐饮店的星级等级，最重要的方法是增加优质的顾客点评数量、提高浏览量和访客量。

（3）"霸王餐"是最好的同城活动。一次同城"霸王餐"活动可以吸引几千甚至上万人报名，对初入驻大众点评的餐饮店而言，这能为门店吸引巨大的流量，是一次极好的宣传机会。不仅如此，能报名"霸王餐"的顾客大多都是大众点评内的高质量"大V"认证顾客，其评价也会成为门店的优质广告。为此，餐饮经营者可以推出"霸王餐"活动，邀请平台深度顾客体验美食并给出深度评价，进而将你的菜品推荐给更多顾客。

（4）合理设置餐饮店活动。入驻大众点评的餐饮店需要设置合理的门店活动。活动力度过小，会失去活动的意义；但活动力度过大，则会让顾客对门店菜品的定价产生质疑，也不利于促进顾客购买。

### 9.1.4 口碑团购，支付宝带来大流量

早在"外卖大战"之初，支付宝就曾推出口碑团购，希望抢占外卖市场，但最终未能敌过美团外卖和饿了么。不过，餐饮市场是巨大的，多个平台都能找到自己的细分市场，对商家和消费者来说，都多了一种选择。

近年来，支付宝不断发展口碑团购，并直接将之放在支付宝一级菜单，这也表现了支付宝对它的大力支持。

入驻口碑团购的最大好处就在于支付宝带来的大流量。尤其是在支付宝的大力支持下，大量的优质流量也会被导入到该平台，帮助商家快速成长。

入驻口碑团购的流程也很简单。

第一步，打开支付宝，进入口碑团购页面。

第二步，在口碑团购页面的右下角，点击"我的"，进入个人页面，找到"我的客服"，点击。

第三步，在"我的客服"页面中，有自助工具一栏，里面有"商家入驻"选项。点击进入，根据系统给出的提示，一步步操作就能很快完成入驻了。

随着互联网的发展，越来越多的外卖平台成为餐饮店日常经营的小助手，相信未来还会出现更多的互联网外卖平台，餐饮经营者应该多关注新的事物。

餐饮经营者一方面需要了解主流的互联网外卖平台，另一方面则需结合餐饮店的自身特色、品牌定位、顾客特点选择最合适的外卖平台。只有这样，餐饮店的业绩才能节节攀升。

## 9.2 餐饮店外卖的菜品如何选择

餐饮店进驻外卖平台后，首先应选择正确的菜品推入外卖平台。只有在互联网上以优秀的菜品吸引顾客，餐饮店的外卖生意才能越来越红火。

### 9.2.1 爆品选择，把爆品勇敢推出去

如果餐饮经营者能选择爆品，并在外卖平台上加以推出，就有可能打造出品牌知名度，对餐饮店的整体品牌引流发挥作用，进而带动店铺线下下单和转化，提高营业额并不断创造利润。

外卖平台的运营方式不同于线下餐饮店的运营方式。在选择外卖平台爆品时，切忌将线下餐饮店的菜谱直接搬到外卖平台上。想在外卖平台上成功打造出一款爆品，餐饮经营者该如何做呢？具体方法如下。

（1）选择合适的菜品。爆品不是为少数人设计的，而应该是大多数顾客

都比较熟悉、容易接受的产品。"田老师"凭借红烧肉这一爆品发展出200多家店，"金百万"依靠超高性价比的烤鸭套餐打响京菜品牌。红烧肉和北京烤鸭都是在顾客心目中认知度很高的单品，本身就具有一定的顾客基础，因此能形成爆品。一款菜品想成为爆品，必定需要具有较高的知名度。

除了高知名度外，餐饮经营者还应考虑具体的外卖场景。与堂食顾客不同的是，外卖顾客极为看重效率，而外卖的配送时间也会明显影响菜品口味。因此，制作时间长、操作复杂以及受时间影响较大的菜品都不太适合用于打造爆品。

（2）提高菜品品质。好的菜品品质是餐饮店不断壮大运营的基础。如果一味关注互联网营销却忽略了菜品品质，这样的餐饮店是注定不能持续发展的。想想曾经风靡一时的黄太吉、雕爷牛腩，便是在火了一段时间后，逐渐销声匿迹了。保证菜品品质，才能打造出真正的爆品。

（3）"价格＋活动"，打响爆品名气。价格是影响顾客品牌感知的一个重要方面，菜品的价格过高，顾客就会不买账；反之，菜品价格过低，则会导致餐饮店"赔本赚吆喝"，入不敷出。

此外，外卖顾客大多对于优惠活动较为敏感，如果店铺或菜品的优惠力度大，顾客就会乐于尝试。因此，餐饮店可以定期推出一些活动，通过活动引爆单品。

（4）根据市场反馈及时做出调整。需要注意的是，打造爆品并不是一蹴而就的，产品投入市场后，需要有等待反馈的时间。此时，餐饮经营者应定期收集顾客的评价，以对菜品进行调整。

爆品打造同样不是一劳永逸的。任何菜品都不可能永远火爆下去，当爆品发展到后期，购买率开始下降时，餐饮经营者需要及时选择新的爆品来进行替代。

借助互联网优势，外卖平台上的爆品一旦打造成功，菜品便会迅速辐射方圆数公里，实现流量的爆发式增长。此时，高效率的外卖服务和高品质的菜品自然能够帮助餐饮店赢得顾客的认可，进而引发口碑传播，帮助餐饮店不断吸引更多顾客。

### 9.2.2 精简菜品，提高顾客点餐效率

一份好的外卖菜谱，不仅能给顾客带来良好的印象，还可以直接给餐饮店带来销量，进而提高转化率。

在线下餐饮店里，菜品的选择总是比较丰富，这样可以给予顾客更多的选择。因此很多餐饮经营者在设置外卖菜谱时，也会想当然地认为菜品越多越好，实际上并非如此。仔细研究外卖平台会发现，有些商家的菜品多达几十道，总单量却少得可怜；而有些商家的菜品只有几道，总单量却多得吓人。这恰恰体现了外卖平台上菜品设置的重要性。

如果餐饮店在外卖平台上设置的菜品种类繁多，顾客选了很久都看不到自己喜欢的菜品时，他可能就会放弃。因此，餐饮经营者必须适当精简菜品，提高顾客点餐效率。

然而，很多餐饮经营者并不清楚如何取舍。下面是选择菜品的重要原则。

（1）精细菜品分类。提高顾客点餐效率的另一个细节，在于对菜品进行精细化分类。精细化分类可以让顾客直观地发现自己喜欢的品类，进而快速选择相应的菜品，极大地提高点餐效率。

在对菜品进行分类时，可以按主打菜品、折扣菜品、满减菜品等进行分类，也可以按套餐、小吃、主食、饮料等进行分类。同样需要注意的是，菜品的分类也不宜过多，以免导致顾客面对繁多的分类，不知如何选择。

（2）及时调整。菜品上架后，餐饮经营者应密切关注外卖平台的运营数据，适时调整菜品。调整菜品需要依据，最直观的两个指标是销量和好评量，对销量和好评量低的菜品，应果断更换。此外，餐饮经营者还应考虑菜品的成本，要首先去除销量低、差评多、成本高的菜品。

由于餐饮店的定位不同、所处地点不同、顾客群体不同，在设置菜品的过程中，还需考虑一些其他因素，比如商圈人群、顾客习惯、消费水平等。餐饮

经营者必须从餐饮店的特点和市场实际需求角度出发进行调整，才能保证餐饮店长久运营。

### 9.2.3 套餐定制，顾客需求全满足

随着消费升级和懒人经济的盛行，顾客不再单纯地追求吃饱，而是渴望搭配合理的菜品。如果餐饮店能给顾客提供丰富多样、营养均衡的套餐，同时又能在定价时适当让利，顾客就会对套餐产生极大的兴趣。

餐饮经营者可以从菜品和价格两个维度去设计套餐。

#### 1. 套餐菜品设计

餐饮经营者在设计套餐菜品时，需要遵循几个重要原则，如图9.2-1所示。

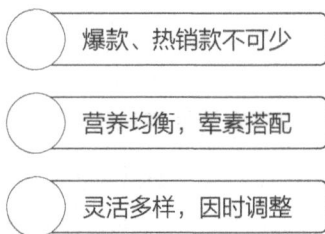

爆款、热销款不可少

营养均衡，荤素搭配

灵活多样，因时调整

图9.2-1　菜品设计原则

（1）爆款、热销款不可少。餐饮经营者设计套餐菜品的时候，可以选择"爆款＋新品"的搭配方案。爆款搭配新品，不仅能凭爆款带来稳定的销量，还能借助新品获得新流量，从而让套餐被顾客熟知。

另一种常见的操作方法是研究后台顾客点餐的数据。如果某两个菜品或某几个菜品组合出现的概率比较高，不妨将其设置成套餐。

此外，对于套餐中的非主要产品，餐饮经营者可以考虑选择一些低成本、高溢价的菜品。

（2）营养均衡，荤素搭配。所谓"营养均衡，荤素搭配"，即套餐中应有荤有素、有饭有菜、有吃有喝。从专业的角度分析，各种食材中的蛋白质、脂肪、碳水化合物、维生素、矿物质等营养物质应遵循一定的配比。

一般来说，套餐会遵循"主菜＋主食＋小吃＋饮品"的搭配原则，通过干配稀、重口味配清淡口味的方式，让菜品达到一定的互补性。此外，在制定套餐时，还要注意尊重传统搭配，体现食物属性。

（3）灵活多样，因时调整。顾客的用餐需求是多种多样的，餐饮经营者在制定套餐时需要尽可能地满足顾客的需求。餐饮经营者可以根据不同的用餐人数，制定单人餐、双人餐、三人餐或者多人餐；也可以根据消费时间段、季节的不同，有针对性地调整套餐内容。例如在早餐时段需要讲究营养搭配、绿色健康，而在午餐时段就要主打方便快捷，时间为王、效率至上；再如在夏天可以搭配一些冰镇的饮料，而在冬天就可以搭配汤品和粥类。同时，餐饮经营者可以考虑给予顾客一定的选择空间，比如在确定主要菜品之后，提供多种配菜由顾客自由选择。

## 2. 套餐价格设计

从本质上讲，套餐是一种双赢的捆绑销售模式。对顾客而言，点套餐应比购买单品划算。对商家而言，套餐应能有效提高顾客购买的客单价，从而提升营业利润。因此，在设计套餐价格时，餐饮经营者需要遵循以下原则。

（1）套餐价格要低于单品价格之和。作为一种捆绑销售模式，餐饮经营者应保证其套餐价格低于其中各单品价格之和，这样才能让顾客真实地感受到商家的让利。

（2）设置价格阶梯，满足不同顾客的需求。餐饮经营者在制定套餐的时候，往往会以菜品搭配为第一考虑因素，这就容易导致套餐价格单一、缺少阶梯。由于不同顾客对价格的敏感度不同，餐饮经营者在设计套餐价格时，可以考虑设计不同的价格，形成阶梯，以满足不同类型的顾客需求。

套餐中菜品的搭配和价格的设置并不是一成不变的，餐饮经营者需要不断分析顾客数据，根据顾客需求进行调整，只有这样才能引领趋势，获得套餐红利。

### 9.2.4 图片与文案，"颜值"高惹人爱

顾客在外卖平台上点餐时，首先看到的信息是菜品图片和文案。这些图片和文案如同线下餐饮店的装潢，是吸引顾客的重要因素。精致的图片和文案，能第一时间吸引顾客的关注，并赢得顾客的认可。反之，如果图片不够精美，文案也差，顾客几乎不会有点开的欲望，更不用说下单了。因此，餐饮经营者必须注重菜品图片与文案的设置，用高质量的图片与文字吸引顾客。

餐饮经营者在设计图片和文案时，需坚持以下原则，如图9.2-2所示。

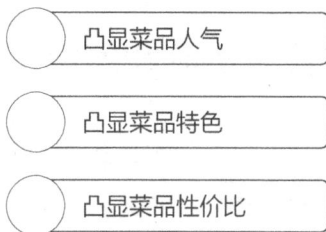

图9.2-2　菜品图文设计原则

（1）凸显菜品人气。外卖平台上经常涌现"连续5年畅销""年销80万份的明星炒饭""热销9000万根"之类的文案。

大多数人都有跟风消费的习惯，因此很多顾客在看到这种图片和文案的时候，第一想法就是"这么多人都买了，应该很不错"。因此，在设计菜品图片和文案的时候，用消费趋势的描述来凸显菜品人气，是行之有效的方式。

（2）凸显菜品特色。菜品特色，是指菜品区别于其他同类菜品的亮点。凸显菜品特色，能让顾客直观地感受到菜品的特点，营造出专业、可靠的餐饮店形象。在凸显菜品特色的时候，餐饮经营者可以从菜品制作、菜品分量、食材品质这几个角度入手。

（3）凸显菜品性价比。凸显菜品性价比的图文，经常被快餐类餐饮店使用。"立省××元"的大号字体文案能让顾客直观地感受到菜品的优惠。

此外，很多餐饮经营者会将菜品的秒杀价格放在图片上进行展示，菜品图

片、名称、价格三者合一呈现是很有冲击力的方式。

好的产品图片和文案，可以让菜品由普通变得不凡，让顾客更好地记住。当然，这必须建立在菜品符合顾客的消费习惯的基础上。

菜品图文不只是对菜品的描述，也是对餐饮店的宣传。因此餐饮经营者需要结合实际运营数据，定期对菜品的图片和文案进行更新，以保持市场竞争优势。

# 9.3 餐饮店外卖的优惠活动如何做

在外卖平台上，优惠活动无疑是影响外卖商家各项经营数据的一个重要因素。有的优惠活动可以提高销售额，有的优惠活动可以抢占排名，有的优惠活动则可以吸引流量……所有成功的优惠活动的共同特点都在于向顾客提供了真金白银的优惠。

### 9.3.1 多做活动，让顾客乐于参加

做外卖型餐饮，餐饮经营者需结合不同的阶段目标，有针对性地设计活动，确保活动多而不乱。

外卖平台上的活动形式很多，如满减满赠、代金券、配送费减免、收藏有礼、新客立减等。

对新入驻外卖平台的餐饮店来说，由于缺少一定的顾客基础和销量基础，因而受关注度不高，外卖平台上的排名也不够靠前，此时做活动就显得尤为重要。做活动能吸引顾客关注，让顾客积极参与其中，从而不断提高店铺销量，提升店铺排名。因此，餐饮经营者可以选择新客立减、收藏有礼、满减满赠、代金券等活动。其中，新客立减、收藏有礼等活动能有效促进新顾客下单，增加新客占比；而满减满赠、代金券活动则在不同阶段都能发挥一定的作用。

配送费是顾客在下单时需要支付的一项费用，如果餐饮店的位置较偏远，

则会导致顾客所需支付的配送费过高，进一步导致餐饮店的订单量下降，这时就可以考虑减免配送费的活动。

当餐饮店已在外卖平台经营了一段时间，新老顾客占比稳定，整体运营数据也都不错，想要进一步提高客单价和整体收入时，就可以考虑买赠和满赠活动。另外，如果餐饮店需要推出新品或者打造爆品时，买赠和满赠活动也是不错的选择。

此外，下单转化率较低的餐饮店，可以考虑发放一些代金券。代金券可以有效地减少顾客在下单时的考虑时间，从而提高顾客的下单转化率。

任何外卖活动的目的，都是让顾客尽可能多体验菜品，从而对菜品、服务产生认可，持续不断地复购。在各类外卖活动中，有些活动内容互斥，而有些活动则可以同时享用，餐饮经营者在实际运营过程中应结合实际情况进行设置，以达到最佳的活动效果。

此外，外卖平台也有一些针对平台顾客或者会员开展的活动，比如美团外卖的津贴联盟、会员红包等。餐饮经营者需时刻关注外卖平台的活动信息，结合自身的菜品及顾客的特点选择适合自己的活动，以提升店铺的经营业绩。

### 9.3.2 实惠让利，满足顾客消费心理

得益于互联网的发展，不同顾客群体在外卖平台都能享受到科技发展带来的便利性。虽然顾客消费层次不同、对价格的敏感度不同，但所有顾客都存在一个共性，即希望能以低价买到高质量的产品。在餐饮店入驻外卖平台之后，实惠让利应当成为外卖营销的重点。

在设计优惠活动并让利于顾客的过程中，餐饮经营者需要遵循 3 点原则，如图 9.3-1 所示。

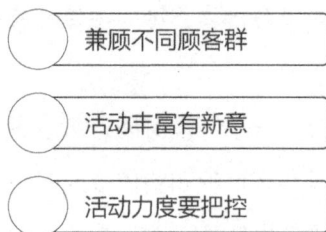

兼顾不同顾客群

活动丰富有新意

活动力度要把控

图9.3-1　优惠活动设计原则

（1）兼顾不同顾客群。外卖餐饮面对的顾客群体复杂多样，餐饮经营者在推出优惠活动时，应尽可能地满足不同顾客群体的消费心理。

在外卖餐饮的不同运营阶段，优惠活动的侧重点也会有所不同。具体而言，新客立减活动，适用于餐饮店新入驻外卖平台和新顾客占比低于一定比例时。收藏有礼活动，能提高顾客复购率，提升餐饮店人气。满减活动，则适用于外卖餐饮运营的全过程。因此，餐饮经营者在推出优惠活动时可以设置不同的门槛，以满足不同价格敏感度和不同用餐需求的顾客。

（2）活动丰富有新意。随着行业整体发展，外卖平台提供的活动形式越来越多样化，各大餐饮店推出的活动层出不穷。餐饮经营者可以根据自身特色及顾客特点，有针对性地设计活动。

顾客在外卖平台下单时很容易被一些新鲜的活动所吸引，如果餐饮店的活动一成不变、毫无波澜，顾客复购的可能性就很低。在活动设计方面，餐饮经营者可以选择长期活动和短期活动互相搭配，也可以选择常规活动和特色活动穿插推出，以持续吸引顾客的关注，提高复购率。例如，餐饮店可以适时推出限时抢购活动，以便在短期内吸引大量的顾客；也可以在节假日、店庆日等推出一些有特色的活动以提高顾客的活跃度。

（3）活动力度要把控。优惠活动的意义在于获客以提升餐饮店的整体业绩，成功的优惠活动能得到顾客的认可，是外卖餐饮经营中的一大法宝。但如果优惠活动的力度过大，甚至导致了餐饮店的亏损，那就得不偿失了。因此，餐饮经营者在设计优惠活动时也需要讲究方法。

首先，在开展优惠活动时，餐饮经营者既要让顾客感到实惠，也要考虑整体的盈亏情况，并根据活动效果，及时对活动进行调整。其次，餐饮经营者需要清楚，做活动的目的是吸引有价值的顾客，而单纯靠优惠获得的顾客并不都会转化为忠诚顾客。因此在后续的运营中，餐饮经营者需要用合理的方法不断筛选、维护顾客，从而留下忠诚、复购率高的顾客。

### 9.3.3 互动营销，将线上优惠与线下优惠相结合

随着互联网技术的发展，外卖在餐饮市场中所占的比重不断增加。对餐饮店而言，依托成熟的互联网工具，采用互动营销的方式，让线上优惠与线下优惠充分结合，会取得意想不到的效果。

主打实体经营的餐饮店可以尝试让线上餐饮带动线下气氛，将外卖顾客不断引流至线下。例如很多餐饮店会推出累计购买营销活动，当顾客消费达到相应金额或次数时，就会赠送线下消费的代金券，而且优惠幅度也十分诱人，从而实现引流目的。而主打外卖业务的餐饮店可以尝试让线上优惠与线下优惠充分结合，让更多的顾客体验到线下消费的服务质量，亦能拉动线上销量。

餐饮店经营者可以基于餐饮店自身的经营特点，将外卖营销融入实际的营销矩阵当中，实现各大营销策略的协同作用。例如可以推出抽奖活动、累计满额赠送礼品、线上下单赠送线下优惠券、引导关注公众号等活动。相信综合运用这些活动既可以为线上店铺和线下实体店增加流量，又可以增加顾客对品牌的好感度，从而起到促进销售的作用。

总之，线上优惠与线下优惠充分结合的互动营销方式，能够让营销效果最大化。

## 9.4 餐饮店外卖的价格如何制定

餐饮店外卖的价格是顾客最敏感、最关心的因素。餐饮经营者需要巧妙地

制定策略，用科学的定价方法，在利润和营销之间取得完美的平衡。

### 9.4.1 满减策略，让顾客乐于凑单

所有外卖优惠活动中，对顾客吸引力最大、使用率最高的活动，就是满减活动。满减活动是指顾客在店铺内消费的金额满足要求时即可享受价格降低的营销活动。对顾客而言，满减只是优惠的一种形式，但对于餐饮店而言，满减能够有效提高客单价，帮助餐饮店获得更多的利润。

**1. 满减活动的意义**

在制定满减策略前，餐饮经营者应首先了解满减活动的意义，如图9.4–1所示。

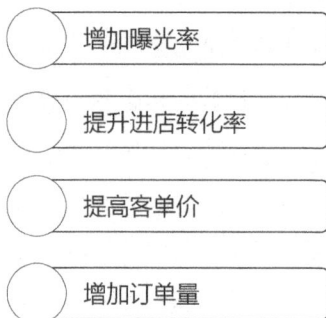

图9.4–1 满减活动的意义

（1）增加曝光率。设置满减活动，能够有效提升餐饮店在外卖平台上的排名，从而使之获得更多的曝光量。

（2）提升进店转化率。餐饮店推出的满减活动数量多、力度大，顾客对店铺的兴趣自然就会提高，顾客的进店转化率自然也会提高。

（3）提高客单价。一般情况下，在满减活动中，顾客消费金额越高，优惠力度就越大。在实际下单过程中，顾客为达到满减的梯度条件，大多会购买更多的商品，无形之中就提高了客单价。

（4）增加订单量。合理的满减活动能激发顾客的购买欲望，订单量也就

随之增加。

## 2. 满减活动的策略

餐饮经营者在制定满减活动的策略时，可以考虑下面 3 种档位，如图 9.4-2 所示。

图9.4-2　满减活动策略的3种档位

（1）单点档。单点档的作用是拉新引流，在实际价格设计上需要保证让顾客够得着。有些餐饮店会选择让利菜品价格，同时提高主食价格的做法。这样顾客在下单菜品和主食后，餐饮店仍能保证有一定的利润。此外，还有一种极端的满减活动形式，即某些餐饮店设置的诸如"满 20 元减 19 元""满 25 元减 24 元"之类的"疯狂满减"，其目的是想通过提高满减系数来提升店铺排名，从而获得更多的曝光量。

（2）凑单档。凑单档的作用是提升客单价，简单来说就是让顾客主动花比平时更多的钱。餐饮店设置价格时，通常应让"主菜＋主食"的价格略低于档位金额，这样就可以给顾客带来"凑一凑"以达到门槛的期待感。顾客为享受满减优惠，往往会选择一些小菜、饮料等凑单。由于顾客为此花了更多的钱，而用于凑单的也多是毛利率高的菜品，无形之中提高了客单价。

（3）拼单档。拼单档主要是为满足顾客的大单需求。餐饮店面对的顾客需求多种多样，餐饮经营者无法预知手机另一端是几人份的餐饮需求。如果顾客需要的餐饮数量较多，而餐饮店外卖又缺少相应的拼单档位，就很容易出现顾客利用凑单档获得优惠的拆单行为。拼单档的出现能有效避免因顾客拆单而增加店铺成本的情况。餐饮经营者在设置拼单档的具体价格时，可以设置适合双人、三人以及家庭用餐的多种档位价格。

### 9.4.2 半价策略，第二份半价惹人爱

除满减策略外，餐饮店在开展外卖业务时常用的另一种价格策略即半价策略，又称第二份半价。

餐饮店采用半价策略的原因有两方面。一方面，餐饮店在选择半价菜品时，既要考虑菜品口感，又要兼顾活动成本，这就导致了半价菜品选择具有一定难度。尤其是餐饮店设置了满减活动后，如果半价菜品的优惠幅度反而不及满减活动，就很容易引起顾客的反感，导致半价活动失去意义。另一方面，餐饮外卖的重要消费场景是工作餐，在这种情况下，第二份半价的策略能推动顾客主动传播，从而提升店铺影响力。

从餐饮经营数据上看，顾客对"第二份半价"的反馈也证明了这一策略的有效性。与其他价格策略相比，第二份半价可以制造足够的营销噱头、使餐饮店的利润最大化。

事实上，比起直接打折或满减优惠，第二份半价无疑更有吸引力，牢牢地抓住了消费者的"捡便宜"心理，让顾客感觉优惠力度更大。

对于只打算买一份菜品的顾客来说，第二份半价并不会影响他的下单行为。对于本来就打算买两份菜品的顾客来说，第二份无疑是享受到了半价优惠。而那些原本可买可不买第二份菜品的顾客，则很有可能为获得优惠去买第二份或者是鼓动周围的人"参团"购买。于是，针对价格敏感型的顾客群体，餐饮店利用折扣实现了促销；针对对价格不敏感的顾客，餐饮店也并没有损失成本。因此，这种营销策略比简单的打折更能增加利润。

一般来说，第二份半价的菜品设置宜精不宜多，具体设置时，餐饮经营者应考虑爆款餐品和新品。第二份半价的价格策略，除了能拉动消费外，还能迅速提升单品销量，对于打造爆款和提升新品销量非常有效。

值得一提的是，在推出第二份半价的活动时，餐饮经营者应更多考虑该活

动与其他价格策略的关联性。通常为确保策略有效实施，半价餐品的优惠幅度应大于满减优惠的幅度。同时餐饮经营者也需要核算自身成本，避免由于让利而导致实际营收亏本。

### 9.4.3 红包策略，让顾客买了还想买

除了满减策略、半价策略外，另一种重要的价格策略即红包策略。

一般来说，满减策略和半价策略存在互斥性，即顾客在享受店铺优惠活动时只能选择其一。但是，红包策略却与之不同，红包可以在结算时独立使用。因此，红包策略与满减策略、半价策略对顾客有着不同的吸引力。

#### 1. 红包活动的意义

红包活动的意义，更多在于吸引新顾客下单、提高客单价，提升顾客评价质量以及刺激顾客二次消费。

（1）吸引新顾客下单。很多餐饮店会设置一些针对新顾客的、使用门槛相对较低的红包，其目的多是吸引新顾客下单，在提高消售量的同时，也为顾客的后续消费打下了基础。

（2）提高客单价。有些餐饮店会把红包作为"老顾客优惠"，这类红包在优惠力度上相对于新顾客类红包会更诱人，能充分发挥提高客单价的作用。在某种意义上，这类红包与满减类活动有相似之处。

（3）提升顾客评价质量。顾客对餐饮店的评价质量，直接决定了餐饮店在外卖平台的排名。因此，有的餐饮店会通过发放红包的方式邀请顾客给予好评。一般来说，这类红包的金额不会特别大。而餐饮店通过给顾客让小利，获得了顾客的高质量评价。

（4）刺激顾客二次消费。为刺激顾客二次消费，很多餐饮店会将红包的有效期设置得比较短，当顾客在红包有效期内消费时，又能再次获得红包。发放红包的方式可不断刺激顾客二次消费，让顾客成为餐饮店的忠实顾客。

## 2. 红包活动设计原则

红包活动对外卖商家来说意义非凡。想做好红包活动，并使之取得预期的效果，餐饮店在设计红包活动时需遵循以下原则，如图9.4-3所示。

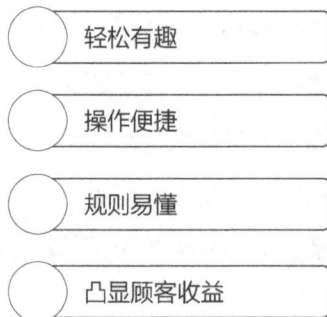

图9.4-3　红包活动设计原则

（1）轻松有趣。饮食是人们生活中必不可缺的一部分，如果能让红包活动变得轻松有趣，点缀顾客的生活，相信顾客对餐饮店的印象也会非常深刻，从而提高顾客后续消费的可能性。

（2）操作便捷。如果红包活动的操作过于复杂，而顾客实际所获得的优惠却并不多，就很容易导致顾客丧失兴趣。因此，操作便捷也是设计红包活动时必须考虑的。

（3）规则易懂。针对不同的顾客群体、用餐场景及需求等，餐饮店应设置不同的外卖红包，而餐饮店在设置并发放红包时，需要清晰地描述红包的使用规则，避免顾客在使用时产生歧义，导致对餐饮店的不良印象。

（4）凸显顾客收益。餐饮店应通过外卖页面，让顾客直观感受到自己所获得的优惠，这才是最有力的宣传。

影响外卖餐饮价格的因素很多，价格策略也并非一成不变。餐饮经营者在制定具体价格策略时，需要根据实际情况整体考虑，同时也需要不断关注活动情况，结合实际经营数据随时调整价格。

# 9.5 餐饮店外卖如何精准营销

餐饮店开展营销活动的目的在于吸引顾客，以提升营业额或品牌知名度。精准营销即在精准定位的基础上，依托现代信息技术手段，建立个性化顾客沟通服务体系，实现餐饮外卖可度量的低成本扩张之路。

## 9.5.1 平台信息推送，温馨提醒顾客

精准营销，需要餐饮店能进行精准、可衡量和高投资回报的营销沟通。从历史来看，餐饮企业的发展历程如下：20 世纪 80 年代追求菜品创新，20 世纪 90 年代注重装修创新，2000 年开始研究服务创新，2005 年开始关心成本管理，而从 2012 年开始，顾客管理成为企业生存的重要因素。换言之，精准营销正是这个时代所需要的。

做好精准营销，需要基于商家全系统信息综合大数据进行分析，根据顾客的行为特征进行定向营销。餐饮经营者关注的数据不仅包括外卖平台系统的数据，还包括来自本店收银系统、菜品库、供应链等的数据，是集合了顾客所有接触点的完整数据库。

在外卖餐饮的精准营销中，最基础的一环是平台信息的推送。餐饮店应有选择地、有针对性地、有节奏地对外卖顾客进行信息推送，以便顾客关注到餐饮店的活动信息，感受到餐饮店的温馨关怀，从而拉近与顾客的距离，有效提升顾客对活动的关注度和参与度。

如今，随着科技的发展和餐饮业的不断进步，外卖平台、社交平台相结合，已经能做到针对不同的顾客推送不同的信息。这为普通餐饮店的精准营销提供了可能。

在推送信息时，餐饮经营者应从以下两点入手。

（1）依托平台优势，低成本实现信息推送。如今，各大平台都有信息推送机制，具体包括手机系统内的消息推送和打开 APP 之后的弹窗信息。这为餐饮店的精准营销提供了绝佳的舞台。

如果餐饮店的资金实力不够雄厚，想实现低成本信息推送，就应积极参加平台推出的各类活动，并坚持推出较大的优惠力度，从而吸引更多顾客。当然，资金实力较为雄厚的餐饮店也可以支付相应的费用，与平台洽谈信息推送业务。

（2）实现信息推送温馨效果。进行信息精准推送时，最核心的一点是区分推送场景，并有针对性地向不同的顾客推送。一般来说，餐饮经营者应区分普适性地推送场景和差异化的推送场景。

在普适性推送场景中，可向全部顾客推送信息，如面向所有顾客举行的重磅活动。在差异化的推送场景中，则需要面向特定的顾客进行推送。例如，当顾客领取的红包即将过期时，餐饮店可通过平台提醒顾客"您有红包即将过期"；或是在顾客生日当天，向顾客发送生日祝福和消费红包。类似的个性化推送，能大大提升顾客的幸福感，从而增强顾客黏性。

### 9.5.2 新品试吃，让顾客感到温馨

相较于信息推送，新品试吃能更有效地拉近顾客与餐饮店的距离，是一种互动性更强的营销活动。

餐饮店可以通过组织新品试吃活动，吸引顾客参与，从而达到引流、增加销量和提升店铺竞争力的效果。但菜品再好吃，花样再丰富，顾客也总会有吃腻的时候，因此，餐饮店需要不断更新餐品，这样既能增加餐饮店的活力，又可以不断地给顾客提供新鲜感。

外卖平台的新品试吃活动有以下两种常规形式。

（1）0元试吃。餐饮店在推出新品时，可以在外卖平台推出新品的限量免费试吃活动，这样既可以将免费试吃作为福利让利于顾客，让顾客免费体验到新品，又能避免因顾客试吃过多而导致运营成本过高。

（2）"霸王餐"。同城"霸王餐"活动可以吸引数百甚至上千人报名，这对餐饮店来说是极好的宣传机会。因此，在推出新品试吃活动时，餐饮经营者可以顺势推出"霸王餐"活动，邀请外卖平台老顾客来店免费用餐，体验餐

饮店的新式菜品和其他主打菜品。

在此过程中，餐饮经营者需要结合团购、社群等主流营销方式，利用餐饮店自有的社交平台及老顾客的影响力，不断为餐饮店引流并提升口碑。

试吃活动很容易让顾客对产品和餐饮店产生更深厚、更特殊的感情，但活动并非仅靠前期宣传就能带来好的效果。对餐饮经营者而言，一定要牢记试吃产品质量的重要性。餐饮经营者应保证试吃产品的口味足够吸引人，以此保证吸引到的顾客能最终成为餐饮店的忠实支持者。

### 9.5.3 外卖广告，让顾客吃外卖时关注促销

餐饮店既能支持顾客到店内消费，又能支持顾客在线下单，这一业务性质决定了做具体活动的时候，有必要充分结合线上和线下的不同优势，最大化地宣传门店。

很多餐饮店在选择线下流量入口时，首先想到的是地铁、电梯、商场等场所，但是这些场所的广告投放预算偏高，远不是中小餐饮店所能承受的。这时外卖信息作为公共传媒的一部分，自然就成为很多餐饮店乐于选择并接受的传播途径。

外卖订单的一大特点就是与受众完全接触。由于餐饮是高频、刚需、全覆盖的消费领域，顾客的用餐场景也处于半封闭且较为轻松的状态，因此餐饮店在进行一些外卖促销活动时，可以将促销广告塞入外卖包装中，让顾客在吃外卖时关注到促销活动。

需要注意的是，让顾客关注到促销活动只是触达顾客的第一步，餐饮店还需确保顾客能真正对活动感兴趣。这就需要餐饮店在广告文案上多花心思，只有如此，才能让顾客边吃外卖边看广告。

为写出一篇成功的广告软文，餐饮店可以从以下3点入手。

（1）故事类软文。故事类软文主要通过讲述完整的故事引出产品，赋予产品情感色彩，以促进产品的销售。这类软文一般需要较长的阅读时间，正好适合顾客用于"佐餐"。

故事类软文能吸引大量具有"阅读癖"的顾客。当然，讲故事并不是软文的目的，故事背后的产品线索才是软文的关键。故事类软文通常会根据餐饮店自身情况，选择不同角度去描述和展现品牌或产品的特点。根据软文角度的不同，故事类软文又可分为品牌故事、产品故事和顾客故事。

（2）夺人眼球的标题。在碎片化阅读的时代，了解文章的大概内容前，顾客不会轻易投入大量时间阅读长文章。因此，餐饮店必须为广告软文拟定足够简洁、诱人的标题。

（3）直观、有诱惑力的优惠。打造出夺人眼球的标题后，促销内容同样重要。好的促销活动首先要在顾客最敏感的价格上做文章，让顾客能在第一时间直观地感受到活动的优惠力度。

### 9.5.4 包装和餐具营销，外卖包装和餐具是营销的载体

进行外卖精准营销时，很多餐饮店并未注意到包装和餐具的重要性。其实，如果餐饮店能够在包装和餐具上下一些功夫，很可能凭很少的成本就能达到很好的效果。

#### 1. 外卖包装和餐具的重要性

包装和餐具广告有着其他媒体所不具备的优点。包装和餐具广告成本较低，可以定点、定量投放，且覆盖面广、针对性强。

（1）针对性。外卖顾客多位于门店周边，相对比较集中，因此包装和餐具广告具有较强的针对性。

（2）强制性。包装和餐具广告是顾客不得不看的广告。

（3）时效性。广告时间可以覆盖顾客的整个用餐时间。

（4）转化率。包装和餐具广告可以实现线上和线下互通，从而大大提高营销的转化率。

外卖包装和餐具是能让顾客触达并了解门店的重要途径。外卖包装和餐具的作用等同于门店的装修和门面。餐饮店在线下希望通过装修和门面的设计给顾客传递的信息，在外卖渠道中就应通过外卖包装和餐具来传递给顾客。因

此，在设计外卖包装和餐具时，除了主包装盒，餐饮店还可以通过餐盒腰封、不干胶贴等低成本的方法，"装饰"外卖包装和餐具，让顾客产生耳目一新的感觉，从而达到营销效果。

### 2. 包装和餐具广告方法

餐饮店可向顾客提供桌布、围裙、一次性手套、湿纸巾等各类餐具。但要注意的是，一定要采购质量优良的餐具，避免因餐具质量差导致顾客反感，进而拉低顾客对餐饮店的印象分。

今天，消费者面临的广告层出不穷，干扰日益增多，餐饮店更需设计低干扰的广告去吸引受众。包装和餐具广告拥有唯一性和排他性，餐饮店可以结合自身特点进行设计，并根据受众的特点有针对性地投放。

各类精准营销方式，都是在通过可量化的、精确的市场定位技术突破传统的营销方式，使营销达到可度量、可调控等精准要求。餐饮店在进行精准营销的时候，必须牢记营销不是一成不变的，需要与顾客进行长期的个性化沟通，对营销数据进行持续的跟踪及监督，适时调整营销思路，不断满足顾客的个性化需求，从而实现长期、稳定、高速的发展。

# 第 10 章

# 餐饮店品牌连锁管理：
## 有品牌有溢价，能连锁能做大

　　餐饮店的发展离不开品牌的竞争力。餐饮品牌的竞争本质是争夺消费者的心智并完成心智预售，以品牌力降低营销渠道成本，最终做出品牌溢价，成为品类冠军。

# 10.1 如何塑造强大的餐饮品牌

餐饮竞争的本质是品牌的竞争，连锁餐饮店的发展更需要强大品牌的支撑，没有品牌做支撑，连锁化就无从谈起。

## 10.1.1 做好品牌定位

品牌竞争力是餐饮品牌发展的核心竞争力之一，提升品牌竞争力首先应从品牌定位着手。

### 1. 什么是餐饮品牌定位

餐饮品牌定位是指餐饮连锁店在市场和产品现有定位的基础上，对自身品牌在文化取向、个性差异上进行的商业性决策。餐饮品牌定位是建立与目标顾客群体有关的品牌形象的过程和结果。

### 2. 餐饮品牌定位的方法

餐饮品牌定位的方法有很多，如图 10.1-1 所示。

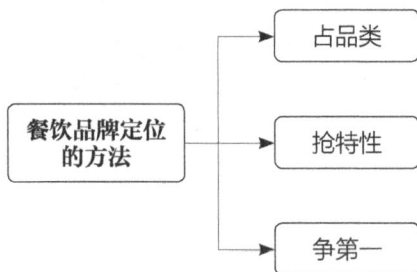

图10.1-1　餐饮品牌定位的方法

（1）占品类。在整个大品类的基础上建立品牌，比如"重庆鸡公煲"就把鸡公煲这个品类当成自己的品牌。

（2）抢特性。让品牌在品类中独占某种特殊性，比如巴奴毛肚火锅这一品牌就是将毛肚火锅当成品牌特性。

（3）争第一。让品牌成为"第一"，例如销量第一，或者第一个研发某品类等。顾客往往更喜欢第一，更容易记住第一，这种品牌定位方法，能达到先入为主的效果。

### 3. 餐饮品牌定位的六大核心

餐饮品牌定位有以下六大核心。

（1）名字。餐饮品牌想让人一看就能记住，最重要的一点就是要有一个响亮的名字。

（2）门头。门头设计需要能吸引顾客眼球和展示品牌形象。

（3）品类。品类需要定位精准，做到差异化。

（4）视觉符号。好的视觉符号可以让顾客留下美好的记忆，产生深刻的印象。

（5）广告语。朗朗上口、通俗易懂的广告语能够快速传播，提高品牌影响力。

（6）招牌菜。好的菜品能让顾客流连忘返，还能形成口碑。

### 4. 餐饮品牌定位的误区

餐饮品牌定位有如下误区，餐饮店应着力避免。

（1）找错对标对象。初创品牌切忌直接跟同品类头部品牌对标，因为对方已经是成熟品牌，彼此的发展处于不同阶段，要思考和解决的问题都是不同的。如果盲目模仿，反而可能连自己的优势都无法呈现出来。在品牌初创时期，认清自己、找准方向才是最重要的。

（2）思考角度错位。很多餐饮店在初创品牌时，更多的是站在自身角度思考定位，而不是站在顾客的角度思考定位。实际上，品牌定位不是告诉别人你有多好，而是要让别人了解到你有多么不同。

（3）过度差异化。餐饮店应追求差异化，但不能过度追求差异化。如果勉为其难地去寻找或者生造一些新的餐饮品种，就会背离顾客已有的认知度，变成冒险。

## 10.1.2 正向的品牌定位

餐饮品牌定位是餐饮品牌建设成功的基础，是餐饮店经营成功的前提。如果不能有效对品牌进行定位，就无法塑造差异化的品牌个性与形象，餐饮店必然会被淹没在同质化的潮流中。

如何做正向的餐饮品牌定位呢？餐饮店可以参考以下 5 种正向定位方法，如图 10.1-2 所示。

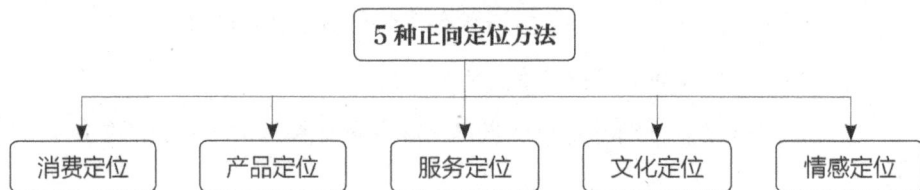

图10.1-2　5种正向定位方法

（1）消费定位。消费定位，是指按餐饮店与某类特定顾客群体的生活状态和生活方式的联系所进行的定位。餐饮店成功运用消费定位，可以树立独特的品牌形象和品牌个性。

（2）产品定位。产品定位是品牌的基础。一家优秀的餐饮门店，只有其餐饮产品得到顾客的信任、认可和接收，才能使品牌得以发展。为了突出自我本色，唯有从合理的差异化出发，不断创新，才能为顾客提供意想不到的产品效果。

（3）服务定位。服务对于餐饮店的重要性不言而喻，提高自身的服务水平是餐饮店塑造品牌极其重要的内容。餐饮店提供的服务应避免形式化，要切合实际。

（4）文化定位。文化定位是指餐饮店将某种文化内涵注入餐饮品牌之中，从而形成品牌文化的差异。文化定位能使品牌形象独具特色，更容易得到顾客的认可。

（5）情感定位。情感定位是指餐饮店运用营销方式，为直接或者间接冲击顾客的情感而进行的定位。如今，一部分情感定位是品牌诉求的重要支点。顺应顾客的心理变化，用情感定位引起顾客心灵的共鸣，可以充实和加强餐饮产品的营销力度。

### 10.1.3 品牌 VI 设计

一套好的餐饮品牌 VI 设计体系，能将该餐饮店与其他餐饮店区别开来，大大提升餐饮品牌的影响力。

VI 即视觉识别系统，是餐饮店最具传播力和感染力的部分，它分为基础部分和应用部分两个板块。基础部分包括餐饮店的符号、标准字体、标准色和组合方式等；应用部分包括餐饮店的牌匾形象、餐具、制服、外卖包装等。

VI 设计应注意以下几点。

（1）差异性。各品牌理念属性不同，餐饮店想要最快获取大众的认同，VI 设计必须具备个性化的特点。由此可见，差异性是十分重要的。差异性应体现在相同行业内的品牌差异上，餐饮店找到自己的特质并利用 VI 设计加以表达，才能脱颖而出。

（2）有效性。VI 设计是解决问题的，不是用来装饰门面的。为此，需要设计者对品牌战略有充分的了解，根据品牌自身的情况来确定品牌的最终视觉定位。

（3）VI 是品牌灵魂的外在表达。如今，无接触配送外卖很受欢迎，而选择外卖的顾客只能通过包装和餐具来识别餐饮店，此时 VI 设计就显得尤为重要了。顾客可以通过 VI 的色彩和文字构图加以判断。

艺术化的 VI 设计能呈现出品牌的文化价值，也会使餐饮店拥有无可替代的竞争力。

### 10.1.4 品牌文化

餐饮店可以通过赋予品牌深刻而丰富的文化内涵，形成鲜明的品牌定位，并通过强有效的内外传播途径，让顾客在精神上产生高度的认同感，从而形成强烈的品牌忠诚度。

餐饮店可以从以下方面打造品牌文化。

**1. 借助品牌名称**

一个好的品牌名称能为品牌节约 30% 以上的宣传成本，品牌名称可以直接体现品牌文化。餐饮店在确定品牌名称时有以下几种方向可供参考。

（1）品类方向，比如鱼你在一起、大米先生、蛙来哒等。

（2）创始人的 IP 方向，利用创始人名字或者是人物特性，比如费大厨、钱大妈、刘一手等。

（3）品牌文化方向，比如某个小酒馆叫"喝丢一只鞋"，体现的就是轻社交加微醺文化，"外婆家"体现的是亲情文化，"马路边边"体现的是地域和市井文化。

（4）谐音借势方向，比如真（蒸）功夫、鱼（于）是乎等。

（5）核心卖点方向，比如谭鸭血、卤校长、和府捞面等。

无论餐饮店采用何种方向，都应通过品牌文化的表达，利用战略口号、品牌背书或视觉设计，彰显门店经营品类的核心。

**2. 借助品牌故事**

很多经久不衰的餐饮品牌都是借助品牌发展的故事来建立品牌文化的。

在青海西宁，有一家家喻户晓的老店"三升干拌"。早在 20 世纪初期，这家店的创始人在夏天推着小车卖凉面，每天只卖三升（"升"为旧式计量单位），卖完了就回家了。凉面物美价廉，口味独特，"三升凉面"很快形成地域品牌效应。改革开放后，"三升凉面"家族后人重新开始经营面食，并将主营产品从凉面改成了干拌面，"三升干拌"再次爆火，目前已形成连锁加盟发展态势。

通俗来说，文化就是随时随地能伴随人和物一起沉淀的东西。餐饮店将自身品牌文化提炼为可识别的行为框架，其实并不困难。

# 10.2 餐饮品牌如何做好连锁扩张

一些资质很好的餐饮企业在连锁化的初期轰轰烈烈，但数量扩大到50家、100家时就陷入瓶颈。如何才能发展到1000家连锁店呢？餐饮经营者千万不要沉浸在"酒香不怕巷子深"的误区中，想要做好扩张，就必须迅速覆盖全国市场。

## 10.2.1 直营扩张与连锁扩张

餐饮品牌的扩张模式包括直营扩张和连锁扩张，二者各有优劣，选择扩张模式的依据有两大决定性的维度，即标准化程度与服务接触度。

（1）标准化程度。标准化是指在经济、技术、科学和管理等社会实践中，对重复性的事物和概念，通过制定、发布和实施统一的标准，以获得最佳秩序和社会效益。每个连锁餐饮店都有不同程度的标准化管理内容，但如果有一套标准化的制度，各岗位执行却比较困难，那就谈不上真正的标准化。只有让每个岗位、每个员工都能简单操作并达到标准，总部和分店才越容易保持一致，这样的项目才真正适合连锁加盟模式。例如，兰州牛肉面的汤料、菜谱、口味都非常统一，且顾客下单、付款、取餐的流程也相对统一，因此其连锁加盟店较多。

（2）服务接触度，即顾客与服务人员的接触程度。当顾客前往快餐店消费，与服务人员的接触只出现在点单、付款、取菜等环节，其他在店内的时间并没有与服务人员接触。反之，如果顾客去一家中餐厅，上菜、加水、加菜、换盘子等环节与服务人员的服务接触度就很高了。

服务接触度越低，总部和分部的统一性就会更强，就越适合连锁扩张模式。但如果顾客与服务人员的服务接触度较高，则需要更规范的制度和培训来提升服务水平，进而提升顾客体验。

通过以上两个维度的分析可以了解，标准化程度越高和服务接触度越低，就越适合连锁扩张模式，当然，也就离个性化越来越远；反之，则越适合直营扩张模式。所以，餐饮店如何选择扩张模式，还是应根据自身品牌的具体特点而定。

### 10.2.2 餐饮店的品牌价值

2020 年年初，餐饮业受到非常剧烈的冲击，不少餐饮店铺倒闭，但也有店铺依然屹立不倒，更有新的店铺不断开业。

餐饮店应如何在市场竞争中和客观冲击下依然屹立不倒呢？这就需要餐饮店做好战略规划，树立品牌形象，提升品牌价值。

餐饮店该如何树立品牌形象，提升品牌价值呢？

（1）明确自身的定位。根据市场调研分析，明确自身与竞争者之间的差异，进而明确自身的定位，这样更容易突出自身品牌优势和价值。

（2）建立餐饮店的品牌文化。品牌文化是企业的无形资产。品牌文化分为对内和对外两种形式。对外的品牌文化包括品牌介绍、品牌故事、广告语等，这样的品牌文化是为了加强对外宣传，加深顾客对餐饮店的印象，使顾客与餐饮店之间产生黏性。餐饮店对内的品牌文化包括品牌价值观、品牌战略规划、品牌福利等，这样的品牌文化可以帮助餐饮店树立品牌形象。

（3）设计品牌导视系统，其中包括品牌 LOGO、包装、海报、宣传册等。品牌导视系统能让顾客直观地了解餐饮店的形象与服务宗旨等。视觉形象的好坏关系到顾客对餐饮店的印象，决定了新顾客是否会登门消费。

（4）推广宣传。网络宣传、自媒体宣传等新的传播方式，或是线下的优惠活动、外卖促销活动等都是很好的推广宣传方式，餐饮店可以以此宣传品牌的形象和价值。

### 10.2.3 如何快速找到意向加盟商

餐饮店在发展扩张的征途中，有了清晰的品牌定位，确定了扩张模式后，就应果断执行扩张战略，快速找到意向加盟商。

**1. 确定商业模式**

很多餐饮品牌之所以未能迅速做大做强，大多是因为没有及时确定商业模式。一种全新的加盟商业模式，可以帮助品牌方按步骤迅速找到意向加盟商。

（1）免收加盟费。品牌方可以不收取任何的加盟费用，允许加盟商全额出资利用其品牌开店，这对于加盟商来说可以省去一笔不小的费用，他们只需按照品牌方的品牌要求和通过采购品牌方的原材料来开店。

（2）供应链。招商中，品牌方不收取任何原材料管理费用，即不利用原材料和供应链赚取加盟商的钱，因为一旦品牌方就原材料和供应链收取费用，加盟商可能会考虑自己另外采购原材料，组织新的供应链，其原材料品质也就无法保证，这对于提升品牌价值没有任何好处。

（3）股份协议。在前面两步操作的基础上，如果品牌方没有通过品牌管理和原材料供应赚取加盟商的费用，即可通过股份协议落实第三点。此时，加盟商自己出钱建立品牌方的餐饮店，并与品牌方签署股份协议。在股份协议中，首先要保证加盟方能收回成本，在回收成本阶段所赚取的利润按照 20%与 80%的比例进行分配（品牌方占比 20%，加盟方占比 80%）。成本回收后，利润按照 30%与 70%的比例进行分配，如有亏损，双方亦按照该比例承担责任。

通过以上 3 步确定的商业模式，既可以保证品牌方的利益，也能提高加盟商的积极性，还可以迅速打响品牌扩张的声势，不断扩大餐饮品牌的影响力。

**2. 品牌宣传**

集中性的品牌宣传是品牌方迅速找到加盟商的重要途径，其主要方式如下。

（1）造场。选择一家高档的商场或是百货中心开设旗舰店（品牌店）。

这样做有两个好处，一是可以迅速抓住流量，二是可以通过找到大的品牌做"邻居"来带动客流量。

（2）造势。参加同行业加盟展会，寻找精准加盟商。

（3）造梦。打造属于本品牌的故事。市场上有同样的产品，但一定不会有同样的故事，造一个感动人心的故事，树一个伟大的梦想更有利于快速找到加盟商。

### 10.2.4 餐饮店加盟谈判的五大要诀

传统的餐饮店加盟谈判方式通常是品牌方提供品牌加盟政策、利好消息，同时提供很多优惠条件供加盟商选择。结果，品牌方在谈判中逐渐失去了主动性，谈判结果往往利于加盟商而不利于品牌方。

实际上，加盟方和品牌方互为博弈对象，应该通过谈判来达到平衡。餐饮店可以通过以下诀窍来获得最好的谈判效果。

**1. 品牌力**

加盟谈判是一场博弈，餐饮店想要占据主动权就应具备足够的实力，市场份额、品牌力都是其中的重要因素。打铁还需自身硬，餐饮店在一定范围内形成强大的品牌号召力，是品牌建设和吸引加盟商的第一要诀。

**2. 建立加盟机制**

餐饮品牌能迅速扩张，跟成熟的加盟机制是分不开的。因此，餐饮店在招商之前需要有明确的加盟机制。

（1）考试机制。出于对本品牌的强大自信，餐饮店可以在加盟谈判之前组织考试，通过考试者才有可能加盟，未通过考试者就没有加盟资格。通过考试，餐饮店可以让加盟商认真了解本品牌的文化、价值观，并以考试结果进行初筛，留下意愿较强且对本品牌忠诚度较高的加盟商进入下一轮加盟谈判。

（2）介绍人机制。要求加盟商到连锁店参观学习，能更好地发挥餐饮店的品牌力。对所有前来加盟谈判的加盟商，餐饮店可以提供到连锁店参观学习的机会。经过参观学习后，获得连锁店开具的介绍信的加盟商可进入实际的加盟谈判中。

在加盟商参观之前，餐饮店可以告知所有已加盟的连锁店，其主动开具出的介绍信如能引发成功加盟，即可适当减免部分加盟费或者提供更多的品牌支持。在这样的政策激励下，"介绍人"将更加愿意进行品牌推广，意向加盟商对本品牌的认知度也将进一步加强。

（3）赛马机制。所谓赛马机制是指所有加盟商在经过一年经营后，由授权企业对其进行行业绩评比。业绩最好、成长最多、发展最快的加盟商将获得品牌方设立的利润分红，以进一步提升加盟商的加盟意愿，同时也加大了品牌推广力度。

### 3. 加盟简章

餐饮店可以设计完整、全面的加盟招商简章，将品牌内容、招商政策、招商机制等内容涵盖其中，以提前做好充分准备。

### 4. 签约合作

双方通过谈判最终达成签约意向后，在签约时需要明确以下几点。

（1）商标、商号等的使用权。

（2）合同期限。

（3）总部提供服务的种类。

（4）加盟店的义务。

（5）对加盟店的经营控制。

（6）加盟店的经营转让。

（7）仲裁。

（8）终止合同及后果。

一般而言，餐饮加盟谈判是合作的开始，餐饮店要追求长期发展，就不能只是单纯利己地进行品牌扩张，更多的应追求双赢的发展。

### 10.2.5 餐饮品牌如何进行差异化扩张

一般而言，餐饮品牌在扩张道路上，最难的不是经营好第一家店，而是做大后续店铺。

经营第一家店往往会穷尽创始人的社会关系、经验，而且创始人通常会亲自管理这家店。然而，对于后续店铺，创始人必须找新的人选去经营管理。因此后续店铺的经营更多考验的是创始人在管理、用人等方面的能力。

餐饮店在差异化的扩张过程中，需要重点考虑以下因素。

（1）人力资源问题。创始人应选择何种人才去经营新开的连锁店？这些人才既应该有足够的管理能力，也要有从事相关连锁加盟行业的经验。为此，创始人应独具慧眼，发现那些差异化的个性人才。

（2）寻找空白市场。很多优秀餐饮品牌在扩张阶段，会选择创始地附近的区域进行扩张。因为这些餐饮品牌已经形成品牌力，其附近地域的空白市场对该品牌的好奇心都很强。

（3）供应链管理。当餐饮品牌在本地已经有了很好的口碑，需要进行扩张时，新店的供应链管理就是品牌发展的起点。所有食材都需要建立更大规模的供应链，这考验着创始人的眼光和管理供应商的能力。当然，餐饮店也可以就此引入中央厨房的概念，由中央厨房负责将已经加工好的半成品通过供应链配送到全国各地。

（4）差异化经营。不同的地域有着不同的饮食习惯。餐饮店应着力于差异化经营，追求打造不同点，即绕过对手优势去推广自身品牌，从新的方面开辟竞争阵地。例如，对手强调自身的品牌正宗，新店则可以从菜品入手，突破传统；对手宣传自家菜品便宜，新店则以性价比为突破口等。

连锁餐饮经营打造品牌差异的高级阶段，是将产品标准化，进而将差异标准化，实现餐饮品牌盈利模式的多样化。

### 10.2.6 餐饮品牌如何制定合理的运营标准

每家餐饮店在迈向连锁经营的路上，都想过将自有品牌做成百店、千店的规模，也为此绞尽脑汁，但很多都没有成功。总结前人经验，可以发现他们失败的原因往往是没有制定出合理的运营标准。为此，餐饮经营者需要了解如何制定合理的运营标准。

图 10.2-1 所示为制定运营标准的步骤。

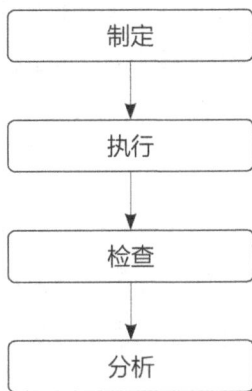

```
┌─────────────┐
│     制定     │
└─────────────┘
       │
       ▼
┌─────────────┐
│     执行     │
└─────────────┘
       │
       ▼
┌─────────────┐
│     检查     │
└─────────────┘
       │
       ▼
┌─────────────┐
│     分析     │
└─────────────┘
```

图10.2-1  制定运营标准的步骤

**1. 制定**

一套合理有效的运营标准是连锁门店管理的必备工具，更是餐饮店扩张发展的关键。

（1）门头设计标准化。所有连锁店的门头设计、店面陈设与总店保持一致，呈现出整体一致的视觉效果。其中，员工服装、菜谱、店内装饰等应整齐划一，为顾客留下标准化、规范化的印象。

（2）操作流程标准化。首先，从顾客进门开始，到点餐、下单、付款等服务流程应标准化。其次，后厨的采购、制作、出餐流程应做到标准化。最后，员工培训也应做到标准化。

上述每个环节的标准，都应植入员工的日常行为。好的标准不仅能给顾客留下深刻的印象，也能做到品牌严格管控的宣传作用，从而吸引市场好评。例如，麦当劳炸薯条的流程是将切好的薯条在350℃的油中炸10秒，捞出控油5

秒，装盘。简单的标准成了全世界麦当劳快餐店严格标准管理的示范。

（3）标准化手册。将所有涉及标准操作的内容整理成手册，分发到每一家连锁店并严格执行，餐饮店运营标准由此得以固定和推广。

### 2. 执行

有了标准，就需要执行。把目标变成结果的过程就是执行。但标准制定出来后，如果餐饮经营者没有认真训练员工，员工也就不会执行，标准就只是纸上的文字而已。

### 3. 检查

员工在工作中是否严格按标准来操作？为明确这一问题的答案，餐饮店需要利用检查环节来对每家连锁店进行考核检查。没有效果的"执行"泛滥，说明不是员工有问题，就是标准有问题，这就意味着要对检查结果进行分析，进而根据分析结果进行整改。

### 4. 分析

餐饮店应对执行效果和结果进行数据分析，找出出现偏差的原因，不断优化标准或调整团队，以便让标准更好地发挥作用。

## 10.3 餐饮品牌要做好连锁"四化"

一套合理有效的餐饮连锁标准是连锁门店管理的基础，更是餐饮连锁企业扩张发展的重要手段。这个标准最核心的部分是"四化"，即标准化、外卖化、智能化、资本化。

### 10.3.1 餐饮连锁企业的标准化如何做

餐饮连锁标准化是餐饮连锁企业在扩张发展过程中，不断对生产流程、管理方式持续改善，直至实现整体统一的过程。最先在国内兴起的餐饮连锁模式大部分是"洋快餐"，这是因为国外的快餐店很早就启用了标准化的经营模式。虽然中餐普遍有着口味多样、工艺复杂的特点，但中餐连锁企业想要做大做强，也必须走标准化的发展道路。

图10.3-1所示为餐饮连锁企业标准化的主要内容。

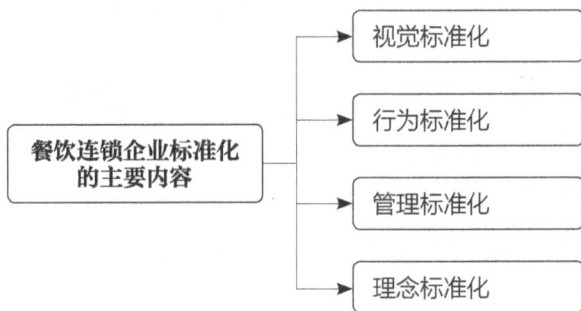

图10.3-1　餐饮连锁企业标准化的主要内容

（1）视觉标准化。视觉标准化的作用是让顾客对企业的品牌形象的认识具体化。视觉信息对于顾客而言是最直观、最容易接受的，有利于传达企业文化、企业理念、服务特点等。例如，喜茶的企业标志、餐具包装、店内导视、活动宣传物料等都有严格的标准化规范，这对喜茶的品牌宣传和推广起到了很大的作用。

（2）行为标准化。行为标准化指由企业制定明确的行为准则，以规范全体成员的市场行为和社会行为。

（3）管理标准化。餐饮连锁企业为了保证出品质量，实现快速扩张，在销售方案的制定、制作原料的选购、产品的制作和销售等环节都应形成标准化管理，管理人员需要不断地对这些环节进行监督指导，形成可执行的标准化程序。

（4）理念标准化。理念标准化是餐饮连锁企业最高层面的标准化体现，它对企业整体的价值取向和经营能起到导向作用。餐饮连锁企业想实现长远发展，内部必须建立明确、统一的战略目标，以形成企业自身的价值和规范标准，并引导企业成员共同参与其中。

### 10.3.2 餐饮连锁企业的外卖化如何做

随着用户订餐习惯的改变，餐饮连锁企业在外卖市场的渗透率已超过80%。为占领更大的市场份额，餐饮连锁企业的外卖化可以从以下几个方面着手。

（1）品牌形象包装。线上门店能给顾客留下第一印象，因此线上门店也需要装修，且风格需要跟线下门店保持一致，这样便于门店宣传和顾客认知，吸引顾客进店消费，有利于提升线上订单量。

（2）平台曝光引流。线上订单的来源取决于流量曝光，餐饮连锁企业需要完善各种资料，争取外卖平台的所有基础曝光机会。除此之外，餐饮连锁企业还需开拓各种推广渠道，如参与平台活动、与合作商家进行流量置换，这样可以提升线上门店的流量，促进转化。

（3）商圈竞品分析。每家连锁店所在的商圈或地域不同，面对的消费人群、消费环境都不一样，所以餐饮连锁企业需要针对不同门店所在区域进行竞品分析，制定差异化营销方案，提高线上门店的综合竞争力。

（4）堂食下单管理。连锁餐饮企业很容易忽视堂食下单系统的优化，尤其是热销菜品和利润菜品的展示，实际上这也是餐饮连锁外卖化的重要组成部分。例如"小杨生煎"的堂食下单系统和外卖下单系统都能根据后台下单顺序和菜品制作时间进行智能化匹配，减少顾客等餐时间，提高翻台率，从而提升营业额。

（5）外卖平台代运营。大部分餐饮连锁企业缺乏线上流量运营的经验，线上门店外卖运营效率并不高。为此，餐饮连锁企业可以与代运营机构合作，把专业的事交给专业的人做，由他们提供店铺诊断、推广优化、菜品优化、关键词优化等服务，提升外卖销量。

（6）会员营销推广。流量曝光对线上门店至关重要，线上门店需密切关注顾客生命周期，在获客、激活、留存、转化、推荐5个环节的循环过程中，进行会员营销推广，以维系顾客并提升店铺复购率。常见的会员营销推广方式包括收藏立减、进群送红包、满减等。

### 10.3.3 餐饮连锁企业的智能化如何做

餐饮业在节假日或者日常用餐高峰期，很容易出现忙中生乱的现象，这会给顾客造成不好的体验。餐饮连锁企业的门店众多，难免会出现上述现象。然而，每一家连锁店的服务质量都会影响到品牌形象。因此，餐饮连锁企业的智能化是大势所趋。

目前，餐饮连锁企业的智能化发展有以下几个方向。

（1）智能餐饮系统。智能餐饮系统可以根据顾客消费的大数据，分析每位顾客的口味和个人喜好，有利于餐饮连锁企业做出正确的决策和提供个性化的服务。例如，当顾客通过手机订餐、买单时，智能餐饮系统即可根据用户的口味痕迹做出智能定向推荐；并且无论顾客去到全国的哪一家门店，智能餐饮系统都能有针对性地为其推送热门菜品和促销等信息，以此提高用户的下单率。

（2）无人餐厅。智能化设备的出现为无人餐厅的出现奠定了基础。目前，市面上已经有很多无人餐厅，其常用的设备有自动出菜机、自动配锅机、自动切肉机等。德克士在上海开了第一家无人自助式餐厅，顾客只需要通过手机点餐就可以实现自动出餐，无须人工参与，有效提升了运营和管理效率。

（3）连锁门店管理系统。传统连锁门店通常都采取向总部订货的模式，但随着加盟店不断增加，预订材料种类可能会达到上百种，手工记录非常烦琐，很容易出错。

引入连锁门店管理系统后，连锁门店可以直接通过手机下单，所有订单确认无误后即可配送。此外，连锁门店管理系统还便于总部随时了解各门店库存信息与经营状况，方便总部做出有针对性的营销策略。

### 10.3.4 餐饮连锁企业的资本化如何做

餐饮连锁企业发展到一定阶段，扩张就会进入瓶颈期。此时，总店就需要资本的介入来促进连锁发展，以达到迅速爆发、抢占市场的目的。因此，资本化是餐饮连锁行业发展的重要阶段性目标。

在品牌资本化进程中，餐饮连锁企业需要做到以下几点。

（1）持续推进全国化布局，深化规模化经营。对大部分餐饮连锁企业而言，全国化、规模化之路还处于探索阶段，还有大量的市场空间可供开拓。餐饮连锁企业想做大做强，数量扩张是首选之路。因此，领先的餐饮连锁企业都会把重心放在全国化布局上。例如，在一线城市完成布局后的诸多大品牌，开始向二、三线城市进军，而在二、三线城市发展起来的品牌也开始向一线城市拓展。

（2）提升对顾客触达的重视程度。餐饮业竞争激烈，顾客普遍"喜新厌旧"，过往依靠菜品的更新和店铺升级迭代即可吸引来大部分顾客，但如今顾客的用餐选择多种多样，传统的营销手段已经难以奏效，餐饮连锁企业只有通过各种渠道不断触达顾客、定制各种营销活动才能提高复购率和激活更多潜在客群。

例如，瑞幸咖啡通过小程序、APP、公众号等渠道，定制各种优惠券和优惠活动，不断拉新促活，成为餐饮业的佼佼者。

（3）寻求店铺外收入多元化。顾客需求的多元化促使餐饮连锁企业不断提升自身发展目标，扩展更多的经营模式。为提高单店经营的时间利用率和经营效益，餐饮连锁企业需要注重积累品牌优势和忠实顾客，利用店铺辐射周边顾客，以获得更多的销售机会。

在经营模式上，餐饮连锁企业可以在传统的纯线下经营模式的基础上，利用团购或电子券的方式，将顾客往线上导流，再结合"外卖＋到店"的模式，多元化拓展销售渠道，提高营业额。此外，餐饮连锁企业也可以不断拓展零售业务，例如全聚德除了提供堂食外，还出售真空烤鸭、卤制品、特色糕点等产品，星巴克除了出售咖啡品类外，还出售杯子、包等周边产品，这些经营业务在提升企业效益的同时，还可以起到宣传品牌的作用。

# 10.4 餐饮连锁店的开发与评估

在开发新的餐饮连锁店之前，地理位置、商业环境的评估和选择显得尤为重要，这将直接影响到餐饮连锁企业的盈亏结果。

## 10.4.1 如何评估新店的商圈

商圈的选址决定着餐饮连锁门店的客流量、顾客购买力、消费结构、对潜在顾客的吸引程度等。餐饮连锁企业在进行新店商圈的评估时，主要应结合位置、租金、面积、结构4个维度进行参考。

### 1. 位置

餐饮连锁企业在选择新的连锁店的位置时，应按照城市级别分类、商圈综合评价和潜在有利位置的顺序进行考虑。

（1）城市级别分类。在省会一级城市里，应首选步行街、高校区、大型商贸城；在地级城市中，应首选步行街、地下商业街、主街道商圈；在优秀的县级城市中，则首选主街道商圈。

（2）商圈综合评估。首先参考当地地图，了解城市概况；随后关注行业内人士对商圈的综合性评价，最好能大致了解商圈内相关品牌的销售数据；最后搜集区域信息，优先入驻优秀商圈。

（3）潜在有利位置。潜在有利位置的表现是聚客能力强，能见性高，顾客方便到达。餐饮连锁企业在选择时，也可以通过了解同类型品牌及相邻品牌的销售情况来大致估算。另外，店员数也是个很好的参考标准。

## 2. 租金

餐饮连锁企业可以通过朋友咨询、街区调研、评估同类型店铺租金的方式来了解当地租金情况。

（1）朋友咨询。餐饮连锁企业可以通过社会关系了解租金信息。

（2）街区调研。餐饮连锁企业可以派出调查人员，和同类型品牌门店沟通咨询，也可以找本地商家咨询了解。

（3）评估同类型店铺租金。餐饮连锁企业可以根据高峰客流时段、员工数量以及人效大致推算营业额，结合租售比，推算店铺租金。

## 3. 面积

一般连锁店对面积都有固定要求，餐饮连锁企业首先应确定本品牌经营的常规面积，然后根据城市等级和人流量灵活配置，最后还需对实际面积进行现场勘查。

## 4. 结构

结构以连锁店的外形为主，重点关注门头选择、常规顶高、柱子数量、异型结构等指标。

### 10.4.2 如何分析开店地址的客流量

客流量是连锁店经营的命脉，也是提高营业额的关键。餐饮连锁企业在分析客流量的时候，最简单的方法就是派出人员，"蹲守"在备选地，用计数器计算时间限度内的客流量。

餐饮连锁企业分析客流量一般可采用全日踩点法和时段踩点法。

（1）全日踩点法。对于没有固定消费时间的店铺，可以采用全日踩点法。例如分析面包店或者咖啡店的客流量，可以采用全日踩点法。

（2）时段踩点法。时段踩点法即选择客流量最高的时段计算客流量。比较常规的时段为 7:00~9:00，11:00~13:00，17:00~19:00，21:00~23:00。具体时间段可以根据营业性质进行调整，注意与以后的实际经营时间保持一致，这样比较有代表性。

### 10.4.3 新店开店的运营流程

确定好新的连锁门店的位置并对周围市场环境进行了可行性分析后，即可进入筹备阶段。

从筹备到开店，新的连锁门店运营流程通常分为 5 个步骤，如图 10.4-1 所示。

签署租赁合同 → 办理证照申领 → 新店装修 → 人员招聘 → 设施、设备定制及摆放

图10.4-1　新的连锁门店的运营流程

（1）签署租赁合同。确定好新的连锁门店的地址之后，需尽快与房东签署租赁合同，并保存好房东身份证复印件、房产证复印件、发票等资料。

（2）办理证照申领。凭借相关证明，如房屋租赁证明、房东签字的房产证复印件、房东的身份证复印件、租金发票、法人股东资格证明或者自然人股东身份证及其复印件、连锁经营合同等（具体材料以当地市场监管局的要求为准），申请营业执照和食品经营许可证。

此外，新店开店之前，还需向消防部门进行消防审批，申领消防安全许可证。

（3）新店装修。连锁门店的环境是影响经营成败的一个关键因素。餐饮店是包括使用空间、通行空间、工作空间等多个要素在内的整体。因此，在设计整体空间布局时，需保持全局与部分之间的和谐、均匀、美观，在视觉上给人以统一的感受。

此外，为稳妥起见，在进行装修前可以向当地环保部门和消防部门进行咨询，确保环保和安全。

（4）人员招聘。连锁门店的人员也是影响经营成败的关键因素，甚至会影响整个品牌。门店负责人需从招聘的源头上把好关。一般而言，厨师长和店长由总部直接指定。因此，门店招聘的重点在于负责前厅服务的服务人员和负责菜品制作的厨师。无论哪个岗位，思想品德过关且具有丰富经验的人才为最优选。

（5）设施、设备定制及摆放。设计师在绘制设计图纸时，会基本确定店内设施、设备的位置。在装修工作完成后，相关人员可以根据设计图纸和实际装修效果选择桌椅、定制厨房设备。

### 10.4.4 新店开店的营销方案

在信息化时代，广为人知是经营模式的主流。做好开店前的营销方案，是迈向成功的第一步。其中，SWOT分析法，是餐饮店做营销推广时常用的分析方式。

（1）S（Strengths），指优势。优势包括内部优势和外部优势。内部优势即餐饮店自身优势，包括品牌效应、优质的服务、良好的企业文化、先进的经营理念等，具体如美味的产品，悠久的历史，或热情、人性化的服务。外部优势即市场繁荣、政策扶持、良好的社会评价等。

新店打造营销方案时，应该梳理好内外优势，形成独特的方案内容。随后，通过公司官网、公众号、短视频平台、传单、门店宣传栏等线上、线下方式进行新店开业宣传，从而达到广为人知的目的。

（2）W（Weaknesses），指劣势。劣势包括内部劣势和外部劣势。内部劣势包括管理混乱、设备老化、缺乏关键技术、创新能力低等，一般而言，新店即意味"全新"，因此，内部劣势在短期内几乎不会造成较大的影响。外部劣势具体表现为食品安全问题、同行业竞争等。通过了解劣势，新店要在活动方案中努力加以规避，以良好的口碑吸引顾客，尽量减少劣势的影响。

（3）O（Opportunities），指机会。机会主要是指餐饮店的外部因素，新的市场政策、新的需求、异业合作等。新店在策划营销活动时，可以考虑与品牌在当地的合作伙伴联合促销，或双方共享顾客，充分利用并深入拓展顾客资源。新店的营销方案必须具备充分的前瞻性，了解发展机会，并将之纳入营销活动。

（4）T（Threats），指威胁。威胁包括市场紧缩、新的竞争对手、政策变化以及其他突发事件。通过研究威胁，餐饮店才能让营销方案的设想更为全面，针对现实的意义也更为强烈。

任何成功都绝非偶然。通过 SWOT 分析法进行综合分析，新店才能更好地制定出符合自身优势、切合实际的营销方案，迈向成功的第一步。

# 10.5  餐饮连锁店的管理与培训

时代的发展、市场和顾客需求的变化对餐饮连锁店提出了更多的要求。除基本的食品安全、贴心服务和菜品品质之外，顾客对餐饮连锁店的管理模式、企业文化、经营理念等产生了深厚的兴趣，他们中的少数人甚至有可能因此成为品牌的加盟商。这对餐饮连锁店的管理与培训，也提出了新的考验。

## 10.5.1  连锁店的管理策略

众所周知，连锁经营是市场发展到一定阶段的产物。做好连锁店的经营管理，对餐饮品牌实现优化资源配置、促进资源共享、扩大发展规模等目标，都具有重要意义。

与传统餐饮店管理方式不同，餐饮连锁店是在总部统筹下相互联系的整体。连锁店的管理应贯彻总部确定的经营管理方法，结合门店发展前景和员工能力，建立标准化、规范化、专业化、科学化、一致化的管理方法，促使连锁店管理方法顺利执行。

（1）人事管理，主要包括仪容仪表、上班纪律、言行规范、上下班时间、人员调动、排班休息等各方面的内容。连锁店的人事管理应在坚持总部标准规范的基础上，结合门店的实际情况进行合理调整等。

（2）日常管理。连锁体系内各个门店的日常管理的总体内容是一致的，包括点菜、上菜、退菜、迎来送往、盘点、卫生、安全等方面。其具体内容则应因地制宜、因时制宜，从而保证连锁店在顺利运营的同时能够拥有专属特色。

（3）采购管理。一般而言，连锁店的采购方式为联购分销。由总部设立采购中心统一采购，再根据各门店需求进行分发。使用联购分销的采购方式，可以减少不必要的中间商环节，降低时间成本和金钱成本，实现降本增效。此外，由总部统一采购，能根据市场变化随时调整品种结构，确保原材料来源可溯，采购环节透明，可以避免一些安全问题。

（4）销售管理。门店是直面销售业务的第一线。总部下发到门店的销售目标，是通过店长日志、店长会议等决定的。店长日志和店长会议等，能为总部提供各分店的每日销售情况、人事变动、市场变化、政策变化等信息。总部汇总分析这些信息后，可以对各门店的销售情况加以指导。

## 10.5.2 连锁店如何做好培训工作

做好人员培训工作是连锁店开业前的首要任务。培训可以使员工建立良好的标准、规范，是促使连锁店快速进入正轨的最佳途径。

图 10.5-1 所示为连锁店做好培训工作的前提。

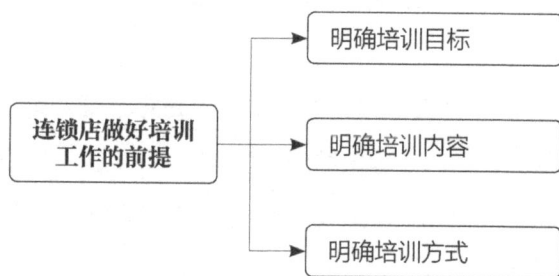

图10.5-1　连锁店做好培训工作的前提

### 1. 明确培训目标

连锁店应明确，进行培训是为使员工更快、更准确地了解岗位职责，更好地进入工作状态。

### 2. 明确培训内容

连锁店的主要培训内容如下。

（1）文化培训。在连锁餐饮快速发展的今天，企业之间的竞争已经逐渐向更深层次的文化延伸。因此，连锁店应把企业文化、服务规范、服务纪律、职业道德等作为培训的重要内容。

（2）服装和仪容、仪表培训。服装和仪容、仪表影响着顾客对门店的第一印象，其重要程度不言而喻。

①服装。连锁店应统一员工服装的颜色、样式等，使之成为连锁店品牌的标志。此外，连锁店经理或领班，应每日检查员工服装的穿戴情况，确保员工服装保持干净、整洁。

②仪容、仪表。连锁店应对员工在头发、妆容、指甲、首饰等方面制定一定的标准。例如，在首饰方面，员工应避免佩戴小型首饰，如戒指、耳环、手链等，以防掉入菜品。

（3）言行。一方面，连锁店应制定统一的欢迎语和欢送语，以及迎来送往的手势，并组织员工加以学习；另一方面，连锁店应对员工的言行加以约束，以免员工在顾客面前做出不礼貌的行为。例如，规定员工不得大声喧哗，上班前不吃有异味的食物，不能在顾客面前剔牙、抠鼻等。

### 3. 明确培训方式

培训一般分为岗前培训和岗中培训。岗前培训即员工上岗之前的培训，可以促使员工快速上岗。岗中培训即员工在职期间的培训，可以起到进一步优化员工工作的作用。

## 10.5.3 连锁店的店长培训

店长负责连锁店的日常管理和经营，保证连锁店的正常运转，是连锁店经营发展的关键。只有做好连锁店的店长培训，才能使连锁店在激烈的市场竞争中脱颖而出。

（1）提高管理能力。管理是店长的本职工作之一，提高店长的管理能力是对店长进行培训的重点。

管理，即管人理事。在管人方面，店长应做好培训、监督工作，加强对员工技能、话术、服务等方面的培训力度，要求员工严格按照企业标准规范工作，提升员工的业务水平；坚持以人为本，合理运用企业的激励制度，保持员工的积极性。在理事方面，店长应将企业的标准规范与门店实际情况相结合，对业绩、目标、安保、顾客、商品等各方面进行全面、细致的管理。

（2）提高沟通能力。依托品牌优势，连锁店的人员、信息流动大，但由于餐饮业人员准入门槛较低，各种矛盾和问题频发。作为门店的管理者，店长应具备处理各种矛盾和问题、协调各种关系的能力，即店长应具备良好的沟通和协调能力。

（3）提高营销能力。良好的业绩是总部对店长能力进行评估的重要指标。营销并不只是简单地推销菜品，还涉及消费者心理分析、连锁店经营原理、门店销售情况分析等多个方面的内容，对优化商品结构，提高经济效益和增强竞争力发挥着重要作用。因此，企业应重视对店长营销能力方面的培训。

### 10.5.4 连锁店的辅导与督导

营业额的提升、门店服务的保障、连锁店的有效运营，离不开辅导和督导。借助这两大方法，企业才能有效监督管理各门店的工作。

**1. 辅导、督导的工作内容**

辅导、督导的主要工作内容如下。

（1）辅导。辅导即帮助和指示教导，其工作内容是协助和指导门店的经营管理，帮助连锁店改正缺点和不足，进一步优化连锁店的运营管理。

（2）督导。督导即监督和指导，其工作内容是对各门店店长、员工的工作状态、业绩、服务、团队协作、环境整洁度等方面进行监督，并指导店长、员工改正不足，从而帮助店长、员工做好本职工作。

**2. 辅导、督导人员的选择**

辅导、督导人员的选择方式如下。

（1）辅导人员。一般而言，企业可以聘请在连锁餐饮行业具有丰富经验的人，或聘请餐饮培训机构的顾问专家担任辅导人员。

（2）督导人员。合理的督导架构是连锁督导体系的重要支柱。通常情况下，企业的督导人员由优秀的门店店长和员工担任。由此形成的督导团队，对门店的经营管理模式更为熟悉。除此之外，相较于社会招聘人员，这些人对企业更有感情，具有更高的忠诚度。

**3. 辅导、督导的方法**

一般情况下，辅导是通过门店面谈、店长会议、个案研讨3种方法，协助店长、员工在工作上获得所需，并指出其不足，助其改进和提高。

督导通常通过访谈法、查阅法、观察法实现，即通过员工谈话、顾客调查、门店各项报表查阅、实地观察等方法对门店进行检查。除此之外，对店员的督导主要采用日常督导和影子顾客等方法。其中，日常督导是对门店员工的日常工作进行监督指导，影子顾客是指督导人员通过扮演顾客，设身处地地感受门店的服务，以顾客的身份发现问题。

总而言之，无论采用何种方式，其目的都是为帮助门店更好地运营，获取更大的效益。

## 10.5.5 如何制定连锁店的管理手册

连锁店扩张的前提是标准化和规范化。然而，随着连锁店的快速复制扩张，连锁店的标准化和规范化逐渐受到冲击，连而不锁的情况开始出现。在这种情况下，总部应及时建立标准、输出标准，各门店应严格执行标准。为保证标准的有效执行，由总部制定统一的连锁店管理手册是必不可少的。

（1）明确管理手册内容。在制定管理手册前，应明确管理手册的内容。一般而言，连锁店的管理手册应包括总则、连锁店综述、职能管理、培训等内容。

总则为概括性的条文，连锁店综述是对连锁店的概念、性质等进行综合讲述，职能管理包括连锁体系内各门店的日常管理、人员管理、销售管理、库存管理、消防管理等，培训管理包括培训的策划、培训评估与考核等。

以上内容由总部统一确定标准，然后借助连锁店管理手册落地执行。

（2）管理手册的版面设计。人们对美丽的事物总会多一些喜爱和包容。因此，制定管理手册很重要的一点，就是版面要整洁、美观，使员工有想要阅读的欲望。此外，管理手册的封面要注明连锁企业的名称、LOGO 等内容。

（3）管理手册的表现形式。通常情况下，管理手册以纸质文件或电子文件两种形式存在，两者皆有优劣势。纸质文件受地域限制大，传递速度慢，传输成本高，但是，纸质文件的稳定性更高。相较于纸质文件，电子文件的传输效率更高、更便捷，同时，电子文件更便于携带，操作更简单。但是，电子文件易受病毒和磁力的干扰，容易被损坏。

纸质版管理手册与电子版管理手册共存，能帮助连锁店标准规范更好地落地执行。

# 10.6 餐饮品牌如何维系品牌影响力

一家百年老店之所以能够成为百年老店，主要是因为品牌推广深入人心。餐饮店要长期发展需要强大的品牌影响力，本节将介绍长期维系品牌影响力的3 种策略，即餐饮店品牌的长期广告策略、餐饮店品牌的文化扩张策略和餐饮店品牌的危机处理策略。

## 10.6.1 餐饮品牌的长期广告策略

"没有什么烦心事是一顿烧烤不能解决的，如果有，那就两顿。"这样一则广告语曾经火遍大江南北，也大大地提高了烧烤在全国的知名度。类似的餐饮店品牌的长期广告策略，还有更多策划和执行空间。

（1）围绕品牌的策略。品牌个性、品牌故事和品牌标准、品牌承诺会大大提高一家餐饮店的品牌影响力。品牌个性能让品牌独具特色，而品牌故事指导市场活动、公关材料，是整个餐饮店所有活动的起点。创建格式化的品牌标准有助于让餐饮店显得更人性化。提供统一的品牌承诺，则是餐饮店与顾客建立契约关系的重要方式，而所有这一切都是市场营销的必要元素。

（2）口碑营销。在数字化时代，餐饮店可以通过多种方法进行口碑营销，如借助微博、微信、抖音、快手等社交媒体进行营销。

（3）数据库管理。没有会员数据，你就不知道你的顾客是什么样的人。餐饮店可以通过评价卡、口头调查或者微信小程序等方式对至少10%的顾客进行信息收集并开展会员活动。

（4）品牌的颜色表达。餐饮店布置、菜谱设计或者市场活动材料在颜色上需要统一，让顾客觉得这里颜色是属于这个品牌的一部分。餐饮店需使用"让人觉得舒服"的颜色，比如使用明亮的橘色和食物没有什么关系，但大地色系就和有机食物很相配。

（5）店内推广。推广不仅仅要在外部进行，店内也应该是主战场之一。每家餐饮店都应该划分区域，包括前台、包房、大堂、厕所等。每个区域都隐藏着不同的商机。当你做店内推广时，应明确每个区域的主要功能，考虑顾客在这里会做什么事情。例如，顾客会在门口等位，这是个适合阅读文字材料的地方，因此可以放置宣传单页；如果是在厕所，放视频或者海报就比较合适。

（6）跨界合作。餐饮店和很多行业都有很好的合作机会，比如说和当地书店举办一场联谊阅读活动，或者赞助一个俱乐部的活动，为他们提供场地和食物，只要这些活动对宣传餐饮店品牌有益就可以做。

## 10.6.2　餐饮品牌的文化扩张策略

我国的餐饮文化源远流长，反映了人们在千百年饮食活动过程中关于饮食品质、审美体验、情感活动、社会功能等诸多方面的独特文化意蕴。除了菜品的质量和价格，消费环境，服务态度等因素外，餐饮店的品牌文化也影响着顾客的购买行为。因此，餐饮店必须重视品牌文化的塑造，并通过有效的文化营销扩大品牌影响力。

（1）深挖历史民俗。深挖饮食文化民俗，对其从形式到内核进行总结提炼，并将其融入就餐环境、服务人员言谈举止、菜品选料加工、相关文化节目中，从而给顾客留下难忘的消费体验。

例如，北京的海碗居老北京炸酱面馆就是个将地方传统文化与餐饮经营有效融合的典型例子。在这里，带着浓重北京腔的吆喝声、身着对襟衣衫、脚蹬圆口黑布鞋、肩搭毛巾把儿的小伙计，大理石制的八仙桌，红漆实木制的长条凳，京腔京韵的北京琴书，地道的北京风味小吃，每一个因素无不体现着古朴的京味儿文化。顾客在此就餐不仅仅能品尝北京的地方菜品，还能体验北京的地方文化氛围。

（2）加入时尚的文化因素。追求时髦是许多现代人的重要心理需求，在餐饮服务中加入时尚的文化因素往往能够调动人们的消费欲望。个性、新奇和娱乐性成为很多现代餐饮企业着力打造的卖点。

以各种时尚的文化元素为主题、装潢别致的小型餐饮店层出不穷，为满足现代年轻人个性化需求而产生的诸如生日包厢、情侣茶座等特色服务项目屡见不鲜。各式各样迎合现代人生活方式的文化营销方式给传统的餐饮业注入了活力。

（3）塑造优秀的企业文化。企业文化体现了企业的内在品格、人文精神和价值取向。而文化营销中蕴含的文化因素可以对受众进行价值观和理念上的引导、培育和塑造，使顾客在思想、观念、情感和道德上产生共鸣。因此，塑造优秀的企业文化理念，建立健全与之相适应的文化管理体系，可以为企业进行文化营销活动提供有力的保障。

### 10.6.3 餐饮品牌的危机处理策略

危机是指任何可能对餐饮店的有形或无形资产、员工、顾客产生一定程度损伤的事件。

有些危机处理不当，很可能就会导致餐饮店的形象受到严重影响。对于餐饮店来说，来自客人的危机尤其要重视。所以，餐饮店有必要在日常经营中制定一些处理制度，以应对各种危机。

**1. 顾客失窃处理制度**

顾客失窃后，餐饮店应做好如下工作。

（1）员工接到顾客报失后，立即通知部门经理及保安部。

（2）由部门经理协同保安人员到失窃现场了解情况，同时要保证不要让任何人擅自移动任何东西，不得让外人进入。

（3）让顾客填写财物遗失报告单，并和顾客细致交流，努力发现线索。

（4）如果顾客要求报警，则由保安部负责联系，由部门经理同意后向餐饮店总经理报告。

**2. 顾客急病处理制度**

如果顾客在用餐时发生急病，餐饮店应做好如下工作。

（1）员工发现顾客身体严重不适或病倒后应以最快的速度通知领班或部门经理。

（2）领班或部门经理接到通知后，应迅速到达现场，并及时通知上级领导联系急救工作。

（3）领班或部门经理应适时探访病客。

（4）如果可以，应通知顾客的工作单位及其家属。

（5）部门经理要做好记录备查。

**3. 遗留物品处理制度**

对于顾客在店内遗留的物品，餐饮店应做好如下工作。

（1）顾客用完餐离开后，员工应立即检查，如发现顾客有遗留的物品，应马上通知主管或前台。

（2）如顾客已离开餐饮店，应在失物招领登记本上将遗留物品登记清楚，写明顾客的姓名、房号、物品名称，还要写上拾物人姓名，然后交领班送相关部门报送。

（3）顾客来信或来电索取遗留物品时，应再办理认领手续；在认领时，应请顾客签收，若顾客不在可交由总台经手人代为签收。

（4）餐饮店一般将顾客的遗留物品保存半年，过期后将认领单和遗留物品一起上交处理。

### 4. 应对媒体危机

餐饮店正确应对媒体危机也很重要。餐饮店管理者公关素养的缺失，轻则导致个人受到媒体批评，重则让整个品牌遭受公众的不信任。

餐饮店应对媒体危机可以参考以下方法。

（1）媒体危机预警，从门店管理团队的理念改革开始。

（2）尽量预防高风险事宜，远离危机陷阱。

（3）提前学习，建立应对媒体的策略和方法。

（4）深刻剖析以往类似事件，掌握危机发生的原因和影响。

（5）通过实际演练的形式培训员工，训练其临场应变能力。

（6）从国内外成功的危机公关案例中了解学习正确的公关技巧。

（7）树立红线，如不单独接受采访，确保餐饮店在媒体危机面前不犯原则性错误。

总之，在应对和处理各种危机时，餐饮店首先要清楚发生危机后的沟通原则，然后注意危机处理的流程与方式，做到从容面对媒体与公众，维护企业形象。

**分类建议** 经管/企业管理

人民邮电出版社网址：www.ptpress.com.cn

ISBN 978-7-115-58972-9

定价：69.80元